你需要懂一点
微管理

吴学刚◎编著

云南出版集团

云南人民出版社

图书在版编目（CIP）数据

你需要懂一点微管理 ／ 吴学刚编著．-- 昆明 ：云南人民出版社 ，2021.6
ISBN 978-7-222-20118-7

Ⅰ．①你… Ⅱ．①吴… Ⅲ．①管理学－通俗读物 Ⅳ．① C93-49

中国版本图书馆 CIP 数据核字 (2021) 第 117021 号

出 品 人：赵石定
责任编辑：李　洁
装帧设计：周　飞
责任校对：胡元青
责任印制：马文杰

你需要懂一点微管理
NI XUYAO DONG YIDIAN WEIGUANLI
吴学刚　编著

出版　　云南出版集团　　云南人民出版社
发行　　云南人民出版社
社址　　昆明市环城西路 609 号
邮编　　650034
网址　　www.ynpph.com.cn
E-mail　ynrms@sina.com
开本　　710 mm × 960mm　1/16
印张　　17
字数　　200 千
版次　　2021 年 6 月第 1 版第 1 次印刷
印刷　　永清县晔盛亚胶印有限公司
书号　　ISBN978-7-222-20118-7
定价　　45.00 元

如有图书质量及相关问题请与我社联系
审校邮电话：0871-64164626 印制科电话：0871-64191534

云南人民出版社公众微信号

前　言

　　我们处在一个丰富多彩的时代，企业是这个时代最绚丽的明珠。从来没有哪一个时代令"管理"成为一个让人激动不已的词汇。当今社会，起着决定作用的不再仅仅是冷冰冰的技术，人们在发展技术获得令人瞩目胜利之时，突然发现，人类的问题远比自然的问题难解决得多，人类生存是这样，企业的生存也是这样。人是企业的主体，管理是企业生存和发展的根本。

　　没有一个企业甘愿失败，它们之所以有不同的命运，很大程度上取决于管理方式方法的不同。优秀的管理者是企业的救世主，能为企业带来滚滚利润；不懂管理的领导者则是企业的杀手，他们的出现甚至会将企业积累数年的基业毁于一旦。

　　企业管理是一门大学问。在这个竞争日益激烈的市场中，有效管理的重要性不言而喻。很多管理者不惜重金学习管理方法，殊不知管理只是一种理念，一种态度。正如美国管理学大师彼得·德鲁克所说的："真正的管理是很简单的。"在管理实践中，大部分企业家和管理者需要的只是富于智慧而又浅显易懂的管理思想。其实，在管理的世界中，有一些寓繁于简的管理定律被人们大量运用到实践中，这些朴实无华的定律蕴含深刻的哲理。

本书精选的管理定律，都经过了国内外优秀企业管理实践的检验，其中绝大部分都出自全球500强企业的经验总结，个个都是企业管理的经典法则。本书对这些影响深远的定律做了深入浅出的分析和阐述，通俗易懂，可读性强。读者可以通过管理定律启发思路，提高理论素养，通过典型案例分析寻找差距或吸取教训，体会管理的真谛，从而提高管理实践水平。

希望本书的出版，能为中国企业管理者活跃管理思维、提高管理水平尽一份绵薄之力。

目　录

第三章　激励管理法则

第四章　决策力管理法则

第五章　执行力管理法则

第六章　创新管理法则

第七章　团队管理法则

第一章
人才管理法则

　　人才关系企业的生死存亡。比尔·盖茨曾经说过，"如果可以让我带走微软的研究团队，我就能重新创造出另外一个微软。"由此可见，企业的竞争归根结底就是人才的竞争，得人才者得天下，失人才者失天下，人才是开启成功之门的金钥匙。

1. 韦尔奇原则：用人是领导者最重要的工作

要义：我的全部工作便是选择适当的人。

提出者：美国通用电气公司总裁杰克·韦尔奇

　　将帅左右着国家的命运，是国家最宝贵的资源。同样，左右企业命运的除了管理者本人，还有企业内部是否有足够多的人才。所以，公司最大的财产是人才。

　　现代商业的竞争，无论是技术竞争、市场竞争、信息竞争、资源竞争，说到底都是人才的竞争。要想在激烈的市场竞争中求生存、图发展，广泛地拥有各方面的人才是至关重要的。人才问题不仅关系到一个企业、一个部门的生存发展，也关系到一个国家的兴衰成败。斯大林曾经说过："人才、干部是世界上所有宝贵的资本中最有决定意义的资本。"一个时期以来，我国经济领域流行这样一个口号："时间就是金钱，效率就是生命，信息就是资源，人才就是资本。"20世纪30年代初，美国深感知识、人才的重要，除在本国加速人才培养外，还大量地从国外引进科技人才。这些人才对美国的科技和经济的发展起了决定性的作用，最终使美国成为世界头号经济强国。第二次世界大战后，日本能让经济迅速腾飞，重要的原因就是自明治维新开始日本政府就重视人才的培养。实践证明凡是在竞争中立于不败地位的企业，肯定都拥有一批出色的技术和管理人才。因此，现代经营者必须有强烈的求才欲望。

从另一方面讲，所谓人才，是指依靠创造性劳动做出较大贡献或具有较大贡献"潜力"的人，这样的人自然不多，往往淹没在广大的人群之中，不容易发现。特别是在现代化大生产条件下，社会分工精细，许多人才往往潜心于研究、学习，不善于交往，不引人注意。一部分人才特别是知识造诣很深的人，不喜欢抛头露面、炫耀自己，相当一部分人才恃才傲物，不趋炎附势，甚至对经营者敬而远之。上述的各种表现确实是不可避免的客观存在，因此经营者若不进行深入调查、求访，人才是不会轻易被发现的。

人才资源是使公司能有效运转的最关键的因素，是公司重要的资产，是公司最重要的组成部分。无数企业因选贤任能而兴，又因人才流失而败。这就给了所有管理者一个启示——欲兴业，先聚才。

美国福特汽车公司的兴衰史，可以说充分反映了人才对企业生死攸关的重要性。

亨利·福特一世在提出"要使汽车大众化"的宏伟目标时，就清楚单凭他自己一个人是不可能实现这样的宏愿的。于是，在他第三次创办汽车公司时，聘请了管理专家詹姆斯·库兹恩斯出任经理。福特通过深入细致的市场调查，提出了福特汽车要走大众化的道路，并且为福特公司设计了第一条汽车装配流水线，把劳动生产率提高了80倍，这让他成了"汽车大王"。可是，当福特被冠以"汽车大王"称号后，却被胜利冲昏了头脑，变得自以为是、独断专行。他开始排斥不同意见，并宣称"要清扫掉挡道的老鼠"。为此，他先后清除了一大批为公司做出过重要贡献的关键人物，包括被称为"世界推销冠军"的霍金斯，有"技术三魔"美称的詹姆，"机床专家"摩尔根，传送带组装的创始人克朗和艾夫利，"生产专家"努森，"法律智囊"拉索，以及公司的司库兼副总裁克林根、史密斯等。

经过福特这一系列的行动，福特公司内最优秀的生产、技术管理等方面的专家全部被赶走了，这使得福特公司立即失去了昔日的活力，也导致公司慢慢走向了衰落。当福特二世接手时，公司每月的亏损已经达到了900多万美元。这就是不肯接纳人才的恶果。

当福特二世接手公司后，他吸取了福特一世的经验教训，不惜高价，聘请了号称"神童""蓝血十杰"的"桑顿小组"——二战时期美国空军的后勤管理小组；又任用原通用汽车公司的副总裁欧内斯特·布里奇负责福特公司的工作。布里奇精于成本分析，他又给福特公司带来了通用汽车公司的几名高级管理人员威廉·戈塞特、路易斯·克鲁索、D.S·哈德和哈罗德·扬格伦等优秀人才。在这些人才的努力下，福特公司进行了一系列改革，这让公司重新焕发了生机，利润也连年上升，并推出了一种外形美观、价格合理、操作方便、适用广泛的"野马"系轿车，创下了福特新车首年销售量的最高纪录，把"福特王国"又一次推向了事业的高峰。新星李·艾柯卡正是在"野马"车系的开发、销售过程中，表现出了非凡的才能。

但是好景不长，后来的福特二世也走上了他父亲的老路，不仅专断拒谏，甚至嫉贤妒能，布里奇、麦克纳马拉等人才也被迫离开了福特公司，又以突然袭击的手段解雇了艾柯卡等3位经理，又一次使福特公司陷入困境。最终他也不得不辞掉了公司董事长的职务，结束了福特家族77年对福特公司的统治。

福特公司的两次兴盛，正证实了这个"欲兴业，先聚才"的道理，没有大批人才的辅助，福特公司是根本无法取得如今的成绩的。福特公司的成功，源自启用优秀的人才，而它的失败亦是因为不肯接纳人才。

管理者应该清楚，企业要发展，人才不可缺少。拥有了人才，企业的发展才有保证，竞争才有优势，否则，只有失败一条路可走。

2. 奥格尔维法则：雇用比自己更强的人

要义：如果我们每个人都雇用比我们自己都更强的人，我们就能成为巨人公司。

提出者：美国奥格尔维马瑟公司总裁奥格尔维

美国管理学家诺斯古德·帕金森通过长期调查研究，写了一本名叫《帕金森定律》的书，他在书中阐述了机构人员膨胀的原因及后果：一个不称职的官员，可能有三条出路：第一是申请辞职，把位子让给能干的人；第二是让一位能干的人来协助自己工作；第三是任用两个水平比自己更低的人当助手。

第一条路是万万走不得的，因为那样会丧失许多权力；第二条路也不能走，因为那个能干的人会成为自己的对手；看来只有第三条路最适宜。于是，两个平庸的助手分担了他的工作，他自己则高高在上发号施令。两个助手无能，也就上行下效，再为自己找两个无能的助手。如此类推，就形成了一个机构臃肿、人浮于事、相互扯皮、效率低下的领导体系。

这就是企业失败的根源之一。要想避免帕金森定律，企业管理者应该拓展胸怀，从公司利益出发，任用比自己更优秀的人才。美国钢铁大王卡耐基的墓碑上就刻着一句这样的话："一位知道选用比他本人能力更强的人来为他工作的人安息在这里。"这也是卡耐基成功的秘诀，他所以能成为钢铁大王，并非由于他本人有什么了不起的能力，而是因为他敢用比自己强的人，能看到并发挥他们的长处。

汉高祖刘邦在取得天下之后说："论运筹帷幄之中，决胜千里之外，我不如张良；论镇服国家，安抚百姓，源源不断地供给粮饷，我不如萧何；论统兵百万，战必胜，攻必克，我不如韩信。这三个人是当今的豪杰，我能把他们争取过来，委以重任，而项羽只有一个谋士范增，尚且疑忌不用，所以才为我所灭。"

这句话道出了管理者最重要的责任是善于用人，而不是和属下比谁更有能耐。福特就是因为犯了这个毛病，损失了一员不可多得的大将，给了对手重振雄风的机会。

艾柯卡担任福特汽车公司的总裁，具有卓越的管理才能，为福特的发展立下了汗马功劳。但他的才能为公司管理者福特所嫉妒。有一次，100多个美国银行家和股票分析家聚会，艾柯卡的发言受到了参会者的一致好评。没想到，这让公司管理者福特发怒了，因为他认为艾柯卡抢了他的风头。

他对艾柯卡说："你跟太多的人讲了太多的话，他们还以为你是福特公司的主事者，这种情况让我太难受了。"于是，福特毫不理会艾柯卡的意见，而做出不再把小汽车推向市场的决定，结果使公司急剧亏损。事后，他对此不仅没有做出任何解释，而且当记者向他采访这件事时，他只是淡淡地回答了一句："我们确实碰上了一大堆麻烦。"

后来，为了把艾柯卡踢出去，福特的手段一个接一个，先是到处散播谣言说艾柯卡早已和黑手党搅在一起了，后来发展到在董事会上直截了当地告诉艾柯卡："我想你可以离开了。"就这样，艾柯卡被福特无情地解雇了。

艾柯卡当时已名声在外，许多汽车公司都向艾柯卡发出了邀请信，艾柯卡最终选择了克莱斯勒。当日美国《底特律自由报》同时刊出了两个大标题："克莱斯勒遭到空前的严重亏损"和"李·艾柯卡加盟克莱斯勒"。两条新闻的同时出现，似乎预示了某种关系。艾柯卡出任克莱斯勒公司的总裁。

克莱斯勒的财务状况比想象中要恶劣得多，公司已经面临倒闭的危险，两年间，公司亏损已达17亿美元。艾柯卡想尽了各种办法应对公司一个又一个的危机。

到1983年，克莱斯勒公司已经可以发行新股票了。本来计划出售1250万股，但是谁也没有料到，最终的发行量超过一倍。买股票的人多到排队等候，2600万股在一小时内全部卖光了，其总市值高达432亿美元，这是美国历史上位居第三位的股票上市额。这一年，克莱斯勒公司获得925亿美元的实际利润，创公司历史新高。

1984年，克莱斯勒公司扭亏为盈，净利润达到24亿美元，同时也成为福特公司的一个强劲对手。艾柯卡成为美国人心目中的英雄。

海纳百川，有容乃大。从福特和艾柯卡的事例中可以看出，妒才是管理者的大忌。那些时常害怕下属超越自己、抢自己风头而对功高盖主者施行严厉打击的管理者是很难取得成就的，因为缺少比自己更有谋略的人的协助，而仅靠自己的能力和智慧是不可能将企业做大、做强的。

管理者的职责是招募到比自己更强的人，并鼓励他们发挥出最大的能力为自己服务。这本身就已经证明了管理者的本事，不费吹灰之力就可以让自己的事业"大风起兮云飞扬"，在这个过程中，最占便宜的还是管理者自己。企业的失败是从任用庸才开始的，反之，企业的辉煌是因任用了更优秀的人才而取得的。

郭广昌是上海复星高科技集团的董事长，他成功的秘诀就在于任用比自己更强的人。郭广昌自称毕业于"什么都没学"的哲学专业，他说自己什么都不会、什么都不专。但正是"身无长技"反倒成了他最大的特长，这逼得他成了一个善于用比自己更强的人——有问题出现他就要去请教专家。

郭广昌认为："管理者一定要学会使用比自己强的人，要学会用你的老师——每个比我强的人都是我的老师；要学会用在某个领域比自己强的人——这些人就是专家。企业家经营的过程，其实就是一个不断找老师的过程；而复星能够快速发展到今天，也就是老师找得多、找得准。"郭广昌明白，能不能找到最好的人、有没有找到最优秀的人的眼光，直接关系到企业的成败。最大的投资失误，不是某个项目的得失，而是没有找对合适的人选。

管理者必须具有敢于和善于使用强者的胆量和能力。在企业内部激励、重用比自己更优秀的人才，为企业带来活力，让企业变得越来越有竞争力。有些管理者之所以不愿意用比自己强的人，不是因为他们不能发现优秀的人才，而是因为妒贤嫉能的心理难以克服，这样的管理者总以为自己是管理者因此在各方面都应该比别人高上一筹，一旦遇上比自己强的人才就萌生妒意，采取种种办法打压他们。

对于管理者来说，妒贤嫉能无异于自掘坟墓，古人说："师不必贤于弟子，弟子不必不如师。闻道有先后，术业有专攻。"这同样适用于管理者和员工，对那些强于自己的员工，管理者更要予以重用，使其各尽其才，各尽其能，让他们能安心为企业奋斗，用他们的才华铸就企业的辉煌。

3. 哈巴德定理：重视专家型员工

要义：一架机器可以取代50个普通工人的工作，但是任何机器都无法取代专家的工作。

提出者：美国工商管理学家哈巴德

在市场经济形势下，越是引进高层次的人才就越需投入大的资本。一些企业管理者虽然也渴求人才，但却不愿意支付较高的薪酬；而且，他们也会自我安慰说，没有那么高素质的人才，企业还不是照样运转和经营？其实他们没有认识到高素质人才的潜在价值，致使他们在激烈的寻才"大战"中难以吸引真正的"千里马"；即使寻到了称心的"千里马"，不舍得上等的"草料"，时间不长，"千里马"就会跳槽而去。

森达集团是位于江苏一个并不富裕地区的小企业,但为什么不过十几年的时间就创造了一个庞大的"森达帝国",击败了许多原来名声显赫的国有企业,成为中国皮鞋第一品牌?就是因为重视"能人"。

森达总裁朱湘桂偶然得知台湾著名的女鞋设计师蔡科钟先生莅临上海,并有在大陆谋求发展的意向后十分高兴,第二天即赶赴上海去见蔡科钟。经过促膝长谈和多方了解,确信蔡先生是个不可多得的人才,打算聘用蔡先生,但蔡科钟先生要求年薪不少于300万元。朱湘桂尽管有足够的思想准备,还是吃了一惊,聘用一个人,年薪300万元!但他还是下了决心聘用他。

聘用蔡先生的消息传到森达集团总部,顿时掀起轩然大波,上上下下一片反对声,有的说,他是有能力,但年薪太高,我们的员工等于替他挣钱,不合算;有的说,蔡先生是台湾人,以前只是听说他很厉害,但到底怎么样,适不适合大陆的情况,不好说,等他的本事显出来再谈年薪也不迟;还有的说,东河取鱼西河放,实在没必要。但朱湘桂认为,要想留住一名人才,必须给他提供有竞争力的薪酬,实行与众不同的待遇。他向员工们解释说,聘请蔡先生这样的国际设计大师,能够不断推出领导消费潮流的新品种,占领更大的国内外市场,使森达品牌在国内国际叫得更响。

蔡先生上任后,以其深厚的技术功底、创新的思维和对世界鞋业流行趋势的敏锐感觉,把意大利、港台和中国内地女鞋融于设计中,当年就开发出120多种女单鞋、女凉鞋和高档女鞋等新品种。这些式样各异的女鞋一投放市场,立刻成为顾客争相购买的"热货"。一年中,单蔡先生设计的女单鞋就为森达赚回5000万元的利润。

一些开始议论蔡先生年薪太高的人，在事实面前，连连点头，年薪300万元留住一个难得的人才，值得。（摘自《做高效能管理者》）

也许有人认为这种用重金"买"来的人才不可靠，而且代价也大。很明显，这样的理念已经不适应今天的竞争需求了。现代市场经济中重金聘人才是最直接、最便利地得到人才的办法，美国抢夺人才最有力的方法就是给予人才丰厚的报酬，所以美国拥有强大的科研开发能力。不可否认，用重金"买"人才虽然只是用利益来引诱人才，但更重要的是这能让人才感到受重视、自己有价值，对重视自己的公司产生趋近的意识。只要在以后的日子里继续尊重人才、爱护人才，这种重金"买"来的人才同样是很可靠的。

管理者在具体实施引进关键的高级人才时，要注意以下几个方面：

（1）确保所聘人员是公司真正急需的高级人才

倘若公司支付重金聘到的员工能力不足，无法为公司的发展贡献力量，难以胜任所担任的职位，那么公司将为此付出沉重的代价。

因此，在做出重大决策之前，一定要考虑清楚，公司需要哪方面的人才，所聘用的人员是否具备这方面的素质。这要求分析公司的现状，以及该人员详细的工作经历与业绩，通过对比分析，决定是否聘用。

（2）要量力而行

应该清楚，聘用高级人才将大大增加公司的人工成本，如果没有足够的资金支持的话，高额的人工成本将加重公司的负担。因为公司经营状况的好转、盈利的增加毕竟有一个过程，如果在这个过程未结束时公司已经无法负担人工成本，那么只能使公司的状况变得更坏。而推迟或降低薪酬水平，更会引起员工的不满，使士气降低。因此，在决定以高薪聘用人才时要先衡量一下公司的资金情况。

（3）对所聘人才要给予充分的信任，并为其提供用武之地

高薪聘得人才后，要充分发挥其"外来优势"，为其提供必要的条件，使他能够施展才华为企业的发展开拓更广阔的天地。

（4）务必看准对象

在人才竞争日趋激烈的今天，难免会有一些徒有虚名的庸夫，因此，必须对其做一番认真考察。

4. 特雷默定律：把正确的人放在正确的位置上

要义：企业里没有无用的人才。

提出者：英国管理学家E·特雷默

松下幸之助主张，"最好用七分的工夫去看人的长处，用三分的工夫去看人的短处。"管理者的人事决策，不在于弥补人的不足，而在于发挥人的长处。任何人都有其长，亦必有其短，管理者用人的要诀之一，就是让其长处在某一领域得到发挥，避开其短处。对于思维活跃、性格外向的人，适合从事开创性的工作，例如销售、设计等。可让爱思考的人，多与他人打交道。对于性格内向，沉稳不善表达的人适合去执行具体的任务。而两方面都不错的人可以从事管理。另外，一个人在其感兴趣的领域里工作，能力发挥肯定是无限的。让一个人从事其感兴趣的工作不需要对

其要求太多就能做得很好，甚至给其更多的任务其也愿意，尤其是对于刚毕业的年轻人来说，根据其性格和兴趣合理地安排工作、职位会有很好的效果。对他们来说工作的成就感和技能的提升，远大于金钱和物质上的奖励，因此可以给他们更多的任务和更多的尝试机会。

相似的问题在太阳神集团发展的历程中也出现过。

太阳神集团成立于1988年。1990年，太阳神的销售额达到2.4亿元，太阳神引入了当时颇为先进的CIS（企业形象识别系统）战略。大规模的广告和品牌推广，在一定程度上催熟了当时还很弱小的中国广告产业。1992年，太阳神红遍大江南北，成为中国保健饮品行业的一面旗帜，市场份额占到63％。1993年，国家宏观经济出现过热局面。太阳神集团接连上马了包括房地产、石油、边贸、酒店业、化妆品、电脑等在内的20多个项目，在全国各地进行大规模的收购和投资活动。短短两年间，太阳神投入到这些项目中的资金高达3.4亿元。由于盲目乐观地估计了经济形势，决策者又没有意识到市场风险，这些投资全部有去无回。

1994年，太阳神产值跌至10亿元，到1997年只有2亿多元。但是，太阳神集团仍然在1998年投资经营太阳神足球俱乐部，结果3年又赔了4000多万元，致使公司的财政状况迅速恶化，入不敷出。伴随着太阳神的盲目决策，其多元化之路也逐渐终结。2002年，太阳神的股票以每股0.072港元的超低价格出售给香港曼盛生物科技有限公司。一度辉煌的民营企业，面对剧变的市场环境不能准确定位，决策者又不能认真反思决策中的问题，其失败不言而喻。(摘自《做高效能管理者》)

量才适用，即在适当的位置上，配置适当的人才，调动人才自动自发工作的热情。

聚集智慧不相上下的人，不一定能使工作顺利进行，分工合作，才会有辉煌的成果。三个能力和智慧高强的企业家合资创办了一家公司，分别担任会长、社长和常务董事的职务。一般人都以为这家公司的业务一定会欣欣向荣，但没想到却不断地亏损，让人匪夷所思。这家公司是一个大装配厂的卫星工厂，隶属于某个企业集团。亏损的情形被企业集团的总部知道之后，马上就召开紧急会议，研究对策。最后的决定是敦请这家公司的社长退股，改到别家公司去投资。有人猜测这家亏损的公司再经这一番撤资的打击后，非垮不可了。没想到在留下的会长和常务董事两人的齐心努力下，竟然使公司的生产力迅速提升，在短期内使生产和销售额都比原来增加了两倍；不但把几年来的亏损弥补过来，并且利润连创新高。而那位到别家投资企业的社长，自担任会长后，也充分发挥他的实力，体现了他经营的才能，也创造了不错的业绩。这其中奥妙就在于，人才要配合恰当。在用人时，必须考虑员工之间的相互配合，才能发挥各人的聪明才智，这也是人事管理上的金科玉律。一般所说的量才适用，就是把一个人安排在最合适的位置，使其完全发挥自己的才能。更进一步地分析，每个人都有长处和短处，所以若要取长补短，就要在分工合作时，考虑各方的优点及缺点，让之切磋鼓励，最终能同心协力共同发展。

一加一等于二，这是人人都知道的常识。可是用在人与人的组合调配上，如果组合得当，一加一可能会等于三、等于四，甚至等于五。如果调配不当，一加一可能会等于零，更可能是个负数。所以，管理者用人，不仅要考虑人才的知识和能力，更要注意人与人的组合和搭配，做到知人善任。

知人善任是企业管理的核心，是企业全体管理者的重要工作和共同责任。企业通过外部招聘、内部培育和选拔，获得人才，并且将之安排于最合适的岗位上，"贤者在位，能者在职"，使两类人才互相补充，效率倍增，"才得其序，绩之业兴"。

管理者要辨识企业自身经营和发展对人才的需求，寻找企业需要的合适人才，建立内部的人才激励机制，包括由员工共同参与的员工职业规划和技能发展，积极鼓励内部和外部人员有序流动，保证每个岗位都有最合适的人才和储备具有潜力的继任人才资源。保证用人系统的灵活性，要敢于突破固有思维模式，有区别地对待不同人才，制定不同的策略，运用不同的方法，这有利于识别、发现、培育和使用各类人才。

实践证明，卓越企业的关键性人才，大部分出自企业内部，但最重要的是，企业要发现人才并且有培养人才的机制，如果不主动寻找合适的人才，让其埋没自己的才能，不仅会失去人才的价值，对企业来讲也是一笔很大的损失。

在实际工作中，很多管理者存在着误区。很多企业培养人才的重点多半放在缺点的改正上，下很大工夫去加强比较弱的部分，而非尽力去发挥个人的专长，这样做虽然可以培养出不犯错、没有缺点的秀才型人才，却无法培养出拥有创造力和独特性的人才。此外，在改正缺点的过程中，不仅当事人觉得痛苦，在心理上产生很强的抵触情绪，而且就算达到了百分之百的效果，也不过是从"负数"回到"零"罢了，付出与获得不成正比。相反，如果让一个人的优点尽量发挥，本来就是"正数"的部分能产生增倍的效果，当事人也会因为觉得有乐趣而对工作产生成就感和动力。

二者之间所花费的精力也许完全相同，但效果截然不同。另外，管理者要注重发挥人才的长处和优势，合理使用、培育人才和留住人才，形成有利于人才发展的环境和文化氛围。这不仅是企业管理者的一项管理职能，更是企业文化的核心组成部分。企业只有发现和培养具有潜能的人才，根据人才的不同类型，区别对待，将人才放到最适合的地方，才能有效保持企业的核心竞争力。

需要提醒管理者注意的是，你所需要的不一定是最优秀的人，但一定是最适合的人。因为"岗位需要"而使用人才，所以"优秀"的人未必是最能满足岗位需要的人选，在这种意义上，合适比优秀更重要。

5. 大荣法则：人才培养是企业赖以生存之本

要义：企业生存的最大课题就是培养人才

提出者：日本大荣公司

市场经济是竞争型的经济。高质量的产品来源于企业人才素质和创造性精神。技术的差距、管理水平的差距，说到底是人才的差距。因此，人才的素质是企业生存发展的支柱，培养第一流的人才是成为优秀企业的必由之路。

要培养高素质的员工队伍，必须进行有效的教育培训。通过培训，员工在知识、技术、技能、道德等方面将会更好地适应企业的要求，不但能按照岗位要求完成其工作，更重要的是通过培训，员工将更深刻地领会到企业的文化，把企业文化渗透到思想意识当中，变为自觉的行动。

儒家以人为本的企业管理哲学，必然重视对人的培养、教育。孔子是我国古代伟大的教育家，他开历史先河，创立私学，施行"有教无类"的教学方法，打破了"学在官府"的垄断局面，使学术得以下移到民间，开创了平民教育的新纪元。

孔子的教育有几个特点，一个是重视德育教育，另外一个就是注重环境的熏陶，还有就是启发式教育。这三个教育特点完全可以用到我们对员工的企业文化教育中去。重视德育就要求员工要提高自己的思想道德水平，提高敬业精神和人文素质；注重环境的熏陶就要求企业要建立自己的企业文化，企业文化包括物质的和非物质的，高水平的企业物质和非物质文化环境可以在潜移默化中提升员工的精神面貌。孔子教导他的学生们说："与善人居，如入芝兰之室，久而不闻其香，与之化矣。与不善人居，如入鲍鱼之肆，久而不闻其臭，亦与之化矣"。孔子深信，环境对人影响很大，同时也深信可以通过教育来保持人的本性和人格的完满；启发式教育，重在引导员工加深对企业文化的理解。孔子说："不愤不启，不悱不发，举一隅不以三隅反，则不复也"。孔子在教学中秉持着一个一关作风，就是很少主动地强加给学生什么知识，更多的时候都是学生提出实际问题，孔子给予分析，在互动中给出解答。

从孔子教育思想的特点我们可以看到，孔子教育的方法不是"授人以鱼"的方法，而是一种"授人以渔"的方法。我们在企业管理中也需要这种教育思想，培育员工的终极目的不是让员工成为某项特定工作的"机器"，通过德育教育能让员工从思想上得到一种升华。

最优秀的人才加上最好的发展空间，这就是宝洁成功的基础。宝洁公司是当今为数不多的采用内部提升制的企业之一。作为一家国际性企业，宝洁有足够的空间让员工描绘自己的未来职业发展蓝图。宝洁非常重视员工的发展和培训，通过正规培训以及工作中经理一对一的指导，宝洁员工得到迅速的成长。

宝洁的培训特色就是：全员、全程、全方位和针对性。具体内容如下：

（1）全员

全员是指公司所有员工都有机会参加各种培训。从技术工人到公司的高层管理人员，公司会针对不同的工作岗位来设计培训的课程和内容。

（2）全程

全程是指员工从迈进宝洁大门的那一天开始，培训的项目将会贯穿其职业发展的整个过程。这种全程式的培训将帮助员工在适应工作需要的同时不断稳步提高自身素质和能力。这也是宝洁内部提升制的客观要求，当一个人到了更高的阶段，需要相应的培训来帮助其成功和发展。

（3）全方位

全方位是指宝洁培训的项目是多方面的，也就是说，公司不仅有素质培训、管理技能培训，还有专业技能培训、语言培训和电脑培训等。

（4）针对性

针对性是指所有的培训项目，都会针对每一个员工个人的长处和有待改善的地方，配合业务的需求来设计，也会综合考虑员工未来的职业兴趣和工作的需要。

公司根据员工的能力强弱和工作需要来提供不同的培训。从技术工人到公司的高层管理人员，公司会针对不同的工作岗位来设计培训的课程和内容。公司通过为每一个雇员提供独具特色的培训计划和极具针对性的个人发展计划，使他们的潜力得到最大限度的发挥。

宝洁每年都从全国一流大学招聘优秀的大学毕业生，并通过独具特色的培训把他们培养成一流的管理人才。宝洁为员工特设的"P&G学院"提供系统的入职、管理技能和商业技能培训，海外培训及委任，语言、专业技术培训。

（1）入职培训

新员工加入公司后，会接受短期的入职培训。其目的是让新员工了解公司的宗旨、企业文化、政策及公司各部门的职能和运作方式。

（2）管理技能和商业知识培训

公司内部有许多关于管理技能和商业知识的培训课程，如提高管理水平和沟通技巧，领导技能培训等，它们结合员工个人发展的需要，帮助新员工在短期内成为称职的管理人才。同时，公司还经常邀请P&G其他分部的高级经理和外国机构的专家来华讲学，以便公司员工能够及时了解国际先进的管理技术和信息。公司独创了"P&G学院"，通过公司高层经理讲授课程，确保公司在全球范围内的管理人员参加学习并了解他们所需要的管理策略和技术。

（3）海外培训及委任

公司根据工作需要，通过选派各部门工作表现优秀的年轻管理人员到美国、英国、日本、新加坡、菲律宾和香港等地的P&G分支机构进行培训和工作，使他们具有在不同国家和工作环境下工作的经验，从而得到更全面的发展。

（4）语言培训

英语是公司的工作语言。公司在员工的不同发展阶段，根据员工的实际情况及工作的需要，聘请国际知名的英语培训机构设计并教授英语课程。新员工还须参加集中的短期英语岗前培训。

（5）专业技术的在职培训

从新员工加入公司开始，公司便派一些经验丰富的经理悉心对其日常工作加以指导和培训。公司为每一位新员工都制定其个人的培训和工作发展计划，由其上级经理定期与员工进行总结回顾，这一做法将在职培训与日常工作实践结合在一起，最终使他们成为本部门和本领域的专家能手。

要想让员工在竞争中拔得头筹，就要加强对员工的培训。培训是员工素质提升的一个重要手段，通过培训，不仅可以帮助新员工掌握新工作所需的各项技能，更好地适应新环境；也可以使老员工不断补充新知识，掌握新技能，从而更快地适应工作变革和发展的要求；更重要的是，培训可以使企业管理者及时了解新形势，树立新观念，不断调整企业发展战略和提高经营管理水平。企业员工整体素质的提高，可以有效地增强企业的竞争力，高素质的员工是企业制胜的法宝。因此培训可以说是企业提高员工素质的重要手段，是形成核心竞争力的重要渠道，也是企业持续发展的力量源泉。

经过培训后，员工往往能掌握正确的工作方式和方法，并在工作中不断创新和发展，当然其工作质量也就能大大提高。另外，随着企业员工知识的增多、能力的提升，在工作中自然就能减少失误，减少工作中的重复行为。而且，通过培训，还可以加强企业员工之间的沟通和协调，减少部门间的摩擦和冲突，增强企业的凝聚力和向心力，这些都可以大大提高整个企业的工作效率。

每个员工都渴望自己能成为一个能当元帅的好士兵，希望通过不断充实自己、完善自己，使自己的潜能得以不断挖掘和释放。因此，工作对很多员工来说，不仅仅是一份职业，也是其实现自我价值的一个舞台。所以，当企业重视并投资于员工的各类培训，员工就会感到自己的价值被企业所认可，从而产生一种深刻而持久的工作驱动力，使企业始终保持有高昂的士气。

海尔集团总裁张瑞敏说："没有培训的员工是负债，培训过的员工是资产。"教育与管理是不可分割的。教育促进管理，管理反作用于教育，两者相互作用，相得益彰。许多企业的经验已经表明，在教育和培训方面投资的回报率将越来越高，所以，管理者要善于培育员工，"教育部属是我的重要工作"——要有这样的责任感。

6. 德普雷定理：给人才自由发挥的机会

要义：人们之所以需要工作是因为希望得到自由发挥的机会。

提出者：美国企业家M·德普雷

生养万物而不占有，培育万物而不倚仗，功业成就而不居功。这就要求管理者借力而行，放手让员工自己去干，为下属搭建"舞台"，给员工以充分实现个人价值的发展空间。

现代企业作为社会经济生活中最具活力的领域和组织形式，往往被员工视为展示自我、实现自身价值的最佳平台。企业管理者要在人事安排上多费心思，力求做到尽善尽美；要充分考虑员工个人的兴趣和追求，帮助他们实现职业梦想。管理者必须营造出某种合适的氛围，让所有员工了解到，他们可以从同事身上学到很多东西，与强者在一起只会让自己更强，以此来帮助他们充满激情地投入工作——而不是停在那里，对他们的际遇自怨自艾。

著名科学家爱因斯坦说过："通常，与应有的成就相比，我们只能算是'半醒者'，大家往往只用了自己原有智慧的一小部分。"因此，对于管理者来说，最好的管理之道就是鼓励和激励下属，让他们了解自己所拥有的宝藏，善加利用，发挥它最大的神奇功效。相对于个人能力来说，越轻松的工作越容易让人掉以轻心，产生错误。

在一个岗位上时间长了，也会使人变得麻木、厌烦和懒散。这时候最好的办法是给其安排挑战性的工作，激发其工作热情，发现其才能并委以重任，这是对下属的最大尊重。人们天生就有创造力，大多数人喜欢通过解决企业经营管理中存在的问题来体现自己的人生价值。富有挑战性的工作具有如下特征：能够为员工提供展示自己技术和能力的机会；能够为员工提供各种各样的任务，有一定的工作自由度，并能对员工工作的好坏、存在的问题给予反馈。富有挑战性的工作有：复杂的工作，崭新的工作，高目标的工作，有重大意义的工作等。

比尔·盖茨领导的微软公司，激发员工的有力措施就是为他们提供富有挑战性的工作。

微软对人力资源管理的原则是：需要人力时，立即到市场上去找最现成的、最短时间内能胜任某项具体工作的人。对人员培训的原则是：5%通过培训，95%靠自学和在职"实习"；员工没有能"跟着成长"时，就被淘汰。而加盟到微软的优秀人才，因为"适合"，所以承担起了更多的挑战性的工作。堪称电脑神童的查尔斯·西蒙伊在微软的成长历程就是一个非常好的例子。

西蒙伊和盖茨除了彼此出身不同外，他们有着许多相似之处。

1980年，西蒙伊在一个电脑大会上同比尔·盖茨和史蒂夫·鲍尔默见了面。谈话只进行了5分钟，西蒙伊就决定到微软公司工作。因为他发现比尔·盖茨所持的观点卓尔不凡。他预感到在微软公司将大有作为。

而当他进入微软公司后，才发现自己的工作空间居然没有任何的限制，他所选择的工作也成了最富有挑战性的工作。在1981年12月13日召开的微软公司年度总结动员会上，他成了主角。

他在大会上陈述了开发应用软件对公司发展具有的战略意义，一一列举其他公司在软件开发上已经取得的成绩，并强调指出，必须将公司的奋斗目标集中在尽可能多地开发各种不同的应用软件上，以便为更多的电脑使用。以他为首的开发小组已完成了一种叫作"多计划"软件的设计，并投入试生产。

微软提供的舞台让西蒙伊找到了挑战自我、挑战极限的快感。在来到微软之前，西蒙伊所在的电脑研究中心与斯坦福大学合作，研究出了一种新工具——鼠标。西蒙伊研制的供施乐公司的阿尔托电脑使用的字处理程序，就是第一个使用鼠标的软件。

在应用软件开发方面的初战告捷让他意识到应用软件的巨大市场前景，并产生了一个愿望：要使应用软件对微软公司的贡献超过操作系统。

西蒙伊提出的多计划软件未能打动当时微软的合作方IBM公司，却引起了苹果公司的兴趣。苹果公司从微软与IBM的合作中，看到了这家年轻公司蕴藏的巨大潜力。因此，它非常希望与微软结成"战略伙伴"关系。

1981年8月，苹果公司总裁史蒂夫·乔布斯亲率一批干将来访问微软公司。此时，苹果公司正在研制麦金托什电脑，因此，希望与微软公司联手合作。西蒙伊给乔布斯等人演示了"多计划"，并谈了对多工具接口的全面看法。

1982年1月22日，微软公司与苹果公司正式签订了合同。苹果公司同意提供微软公司3台麦金托什电脑样机，微软公司将用这三个样机创作3个应用程序软件，即电子表格程序、贸易图形显示程序和数据库。

乔布斯可以选择把应用程序与机器包含在一起，付给微软公司每个程序费5万美元。限定每年每个程序100万美元，或分开卖，付给微软公司每份10万美元，或提取零售价格的10%。苹果公司允诺签合同时预付5万美元，接受产品后再付5万美元。

而这所有的开发工作最终都落到了刚到微软没多长时间的西蒙伊的头上，其挑战性不言而喻，但正是这挑战性的工作，让西蒙伊迅速脱颖而出，使他成为微软公司的核心成员之一。在他亮相的这次年会上，西蒙伊的信心、凝聚力、战略眼光和雄才大略给所有员工留下了深刻印象，盖茨称他为"微软的创收火山"，这次演讲也就被称为"微软的创收演讲"。

随着西蒙伊开发工作的不断展开，微软不仅拥有了日后得以称霸应用软件市场的OFFICE（一种文字处理系统软件）系列软件，而且通过合作，从苹果的麦金托什电脑的图形化操作系统上学到经验，推出了具竞争性的操作系统软件WINDOWS（视窗操作系统），这两大法宝成了微软日后源源不断的财富的聚宝盆。

西蒙伊的成功挑战，让微软公司与两大电脑公司IBM和苹果都建立了合作关系，其发展前景是可想而知的。一般来说，和大公司合作的好处不仅能赚钱，也能大大提升自身的市场形象，而良好的市场形象又能吸引大批人才和大批客户，这可谓之良性循环。一旦进入这种良性循环状态，即使老板不怎么费心赚钱，钱也会自动找上门来。

西蒙伊这种来自外部的"鲶鱼"也激活了微软内部的竞争活力。当然在引进这些外来的"鲶鱼"，并充分给他们挑战性的工作时，往往也会带来一些麻烦，因为他们往往自视很高，又不熟悉企业的环境，容易与企业的内部组织形成冲突。

盖茨的做法就是给予足够的发展空间，给"鲶鱼"创造条件，让他们有足够的空间积极、主动地发挥自身才能，充分施展他们的所学，更意气风发地投入工作。如果打算杀其锐气而压抑"鲶鱼"，则必然适得其反。

微软觉得，有一套严格的制度，你就会做一个很规矩的人，但你的潜力发挥到70%就被限制住了，微软要每个人都做到100%。特别是做软件，需要人的创造力，所以微软有一种激励的文化，如果你现在的情况能做到70%，那公司给你资源，公司给你方向，公司给你鼓励让你去达到100%。

7. 古狄逊定理：领导要学会授权

要义：一个累坏了的管理者，是一个最差劲的管理者。

提出者：英国证券交易所前主管N·古狄逊

在现实中，有许多管理者，特别是家族企业的管理者喜欢把所有工作都大包大揽，恨不得像换个钉子、修个桌子这样芝麻大点的事也要过问，他们希望每件事情都在他的掌控之中都圆满地完成，得到管理者、同事、下属的认可和赞扬。这种事事求全、事必躬亲的愿望是好的，但却不一定能收到好的效果。可见，根据自己的身份和地位思考问题，不仅是一个管理者应该具备的基本修养，也是保持企业内部良好秩序规范的重要准则。

为什么这么说呢？

首先，一个人的精力是有限的。在现代企业中，管理工作千头万绪，极为繁杂，如果管理干部事无巨细都事必躬亲，即使有三头六臂，也会应接不暇，难免事与愿违。

其次，领导拥有绝对的决策权，地位比较特殊，倘若事事都由领导做出决断，势必造成企业效率的低下。

还有，企业部门里并非只有你一个人才，你把所有的事情都做了，那么，其他的人去干什么呢？别人难免会滋生不良情绪，认为你是因为不信任他们而不给他们权力。而且会认为你是一个刚愎自用、独断专行的人。

另外，有一些员工会因为凡事都由你代劳或过问，失去工作的积极性而养成懒散、消极的毛病。

通过以上的分析，管理者越权管理，用过多的精力去过问本不属于管理者职权范围之内的事情会造成诸多弊端，那么，管理者必须学会正确授权。

授权是管理者从烦琐的事务中脱离出来的最佳途径。佩罗集团创始人、董事长罗斯·佩罗为此说过："领导就是放权给一批人，让他们努力奋斗，去实现共同的目标。为此，你就得充分开发他们的潜能。"

一个高效率的管理者应该把精力集中到少数最重要的工作中去，次要的工作甚至可以完全不做。人的精力有限，只有集中精力，才可能真正有所作为，才可能出有价值的成果，所以不应被次要问题分散精力。他必须尽量放权，以腾出时间去做真正应该做的工作，即组织工作和设想未来。

北欧航空公司董事长卡尔松大刀阔斧地改革北欧航空系统的陈规陋习，就是依靠合理的授权，给下属充分的信任和活动自由而进行的。

因公司航班误点不断引起旅客投诉，卡尔松下决心要把北欧航空公司变成欧洲最准时的航空公司，但他想不出该怎么下手。卡尔松到处寻找，看到底由哪些人来负责处理此事，最后他找到了公司运营部经理雷诺。

卡尔松对雷诺说："我们怎样才能成为欧洲最准时的航空公司？你能不能替我找到答案？过几个星期来见我，看看我们能不能达到这个目标。"

几个星期后，雷诺约见卡尔松。

卡尔松问他："怎么样？可不可以做到？"

雷诺回答："可以，不过大概要花6个月时间，还可能花掉160万美元。"

卡尔松插话说："太好了，这件事由你全权负责，明天的董事会上我将正式公布。"

大约四个半月后，雷诺请卡尔松去看他们几个月来的成绩。

各种数据显示在航班准点方面北欧航空公司已成为欧洲第一。但这不是雷诺请卡尔松来的唯一原因，更重要的是他们还省下了160万美元中的50万美元。

卡尔松事后说："如果我先是对他说，'好，现在交给你一个任务，我要你使我们公司成为欧洲最准时的航空公司，现在我给你200万美元，你要这么这么做。'结果怎样，你们一定也可以预想到。他一定会在6个月以后回来对我说：'我们已经照你所说的做了，而且也取得了一定的进展，不过离目标还有一段距离，也许还需花90天时间才能做好，而且还要100万美元经费。'可是这一次这种拖拖拉拉的事情却没有发生。他要这个数目，我就照他要的给，他顺顺利利地就把工作做完了，也办好了。"

合理地给下属权力，不仅有利于增强下属的积极性和创造性，而且还能大大提高领导本身和团队的工作效率。这是领导管理的技巧，也是一种艺术。

一名管理者，不可能控制一切，其可协助寻找答案，但不提供一切答案；其可参与解决问题，但不要求以自己为中心；其可运用权力，但不掌握一切；其可负起责任，但并不以盯人方式来管理下属。管理者必须使下属觉得有责任关注事情的进展。而把管理当作责任而不是地位和特权正是管理者能够进行真正的、有效授权的管理的基本保证。

那些事必躬亲的管理者往往会有这样的想法：应该主动深入到工作

当中去而不应该坐等问题的发生。应当表现得有亲切感而非高高在上的领导。这些想法确实值得肯定，但如果管理者有事必躬亲的倾向，那么下面几点建议应该会对你有所帮助。

（1）学会置身事外

实际上，团队里的有些事务并不需要你的参与。比如，下属们完全有能力找出有效的办法来完成任务，那用不着管理者来指手画脚。也许你确实是出于好意，但是下属们可能不会领情。更有甚者，他们会觉得你对他们不信任，至少他们会觉得你的管理方法存在很大问题。当出现这种情况时，你应当学会置身事外。这里有一个小窍门：在你决定对某项事务发号施令之前，可以先问自己两个问题："如果再等等情况会怎么样？"以及"我是否掌握了发布命令所需要的全部情况？"如果你觉得插手这项事务的时机还不成熟或者目前还没有必要由自己来亲自做出决定，那么你应当选择沉默。在大多数情况下，下属会主动地弥补缺漏。通过这样缜密的考虑，你会发现也许有时你的命令是不必要的，甚至会使情况变得更糟。

（2）恰当地授权

当组织发展到一定阶段，管理事务日益增多，管理者已经无法解决所有的问题，这就需要授权。从某种意义上说，授权是管理最核心的问题，也是简单管理的要义，因为管理的实质就是通过其他人去完成任务。授权意味着管理者可以从繁杂的事务中解脱出来，将精力集中在管理决策、经营发展等重大问题上来。通过授权，你可以把下属管理得更好。让下属独立去完成某些任务有助于他们成长。因此，恰当地授权非常重要，这样可以得到授权的最大好处，并将风险降到最低。

（3）弄清楚究竟哪些事务你不必"自己扛"

既然明白了事必躬亲的弊端，那么下一步你必须明确授权的范围，也就是说究竟哪些事务你不必"自己扛"。根据组织的实际情况，授权的范围肯定会有所不同。但这其中还是有一些规律性的东西。

克林将军告诉我们，作为一名伟大的将军，他的成功有很大一部分来自有效的分工带来的"简单管理"。"我对很多方面都放任不管。"这就给了他的部下很大的自由空间去决策。每一个管理者都应该深刻地领悟到此言的含义：授权予下，不仅可以使你从繁忙的工作当中解脱出来，更可以增强下属的工作积极性。这一箭双雕的手段，是每位管理者都应学会使用的。

8. 例外原则：分权的同时控制大局

要义：为了提高效率和控制大局，上级只保留处理例外和非常规事件的决定权和控制权，例行和常规的权力由部下分享。

提出者：美国管理学家泰罗

作为领导，并不意味着什么都得管。正确的做法是：大权独揽，小权分散。要做到权限与权能相适应，权力与责任密切结合，奖惩要兑现。

授权并不意味着要把自己所有的权力都下放，相反，它要讲究一定的限度，要保持在适当的范围内。用人者在授权时候要遵循"大权在握，小权分散"的原则，不然很容易出现下级僭越的现象。授权与控权是一门用人者需要掌握的技巧。

自1962年山姆·沃尔顿在美国阿肯色州开设第一家商店至今，沃尔玛已发展成为全世界首屈一指的零售业巨头。在全球包括中国在内的11个国家共拥有超过5000家沃尔玛商店，2003年的销售额达到2563亿美元，聘请员工总数达150万。连续两年在美国《财富》杂志全球500强企业中名列前茅。其创始人山姆·沃尔顿也因此一度成为全球第一富豪。

由于沃尔玛发展异常迅速，而且规模日益庞大，山姆不得不考虑把权力下放给区域副总裁和地区经理。就像沃尔玛的负责人之一李斯阁说：与10至15年前相比，现在的区域副总裁必须拥有与沃尔顿相近的才干。现在的首席执行官不可能为全公司130万名员工解决所有问题。如果公司成立之初，最高管理层也碰到这么多问题，你也不得不采取现在的做法。你必须有四五十个人负责处理这些问题。以前必须由高级管理层处理的许多问题，如今在较低层级就解决了。管理团队觉得根据公司目前的情况，不可能有别的方法应付这些事情。

权力下放到高层之后，山姆并没有因此停止授权。他认为，公司发展越大，就越有必要将责任和职权下放给第一线的工作人员，尤其是清理货架和与顾客交谈的部门经理人。沃尔玛的这些做法实际上就是教科书中关于谦虚经营的范例。山姆·沃尔顿将它称为"店中有店"，他让部门经理人有机会在竞赛的早期阶段就成为真正的商人，即使这些经理人还没有上过大学或是没接受过正式的商业训练，他们仍然可以拥有权责，只要他们真正想要获得，而且努力专心地工作和培养自己做生意的技巧。

山姆认为，把权力下放之后，必须让每一位部门经理充分了解有关自己业务的资料，如商品采购成本、运费、利润、销售额以及自己负责的商店和商品部在公司内的排名。他鼓励每位部门经理管理好自己的商店，如同商店真正的所有者一样，并且需要他们拥有更多的商业知识。沃尔玛把权力下放给他们，由他们负责商店全套的事务。

此制度推行的结果，使年轻的经理得以积累起商店管理经验。而沃尔玛公司里有不少人半工半读完成大学学业，随后又在公司内逐渐被提升至重要的职位上。

这样，沃尔玛不仅给部门经理委派任务、落实职责，而且允许其行动自主，享有很宽泛的决策资格，让他们有权根据销售情况订购商品并决定产品的促销法则。同时每个员工也都可以提出自己的意见和建议，供经理们参考。

在下放权力的同时，山姆一直努力尝试在扩大自主权与加强控制之间实现最佳的平衡。同其他连锁零售店一样，沃尔玛公司当然有某些规定是要求各家商店都必须遵守的，有些商品也是每家商店都要销售的。但山姆·沃尔顿还是逐步保证各家商店拥有一定的自治权限。订购商品的权责归部门经理人，促销商品的权责则归商店经理人。沃尔玛的采购人员也比其他公司人员拥有更大的决策权。沃尔玛的各家分店可以采用不同的管理模式，可以有自己独特的风格，但每一个员工也要遵守公司制定的《沃尔玛员工手册》；员工可以有不同的思想观念和生活方式，也可以各抒己见、畅所欲言。但一旦公司或商店部门做出决策，就必须维护决策的权威。虽然允许他们保留意见，但决策的权威性不可动摇，所有人都要服从。当然，如果有较大的分歧，公司或商店部门也可以将意见直接反映到总部。

把权力下放给较低层级的管理人员，并不表示高级管理团队放弃传播公司企业文化的责任。格拉斯和索德奎斯，以及后来的李斯阁和考林，仍然是这种文化最主要的传播者。但是，他们主要是在有众多员工聚集的场合传扬这些讯息，例如一年两次的经理人员会议，以及一年一度的股东大会。

山姆在放权和控权之间游刃有余，既激发了公司各层级人员的主动性、自主性，也统率着公司的决策权，可谓授权管理的典范。

领导者在授权的同时，必须进行有效的指导和控制。领导者若控制的范围过大，触角伸得太远，这种控制就难以驾驭。如何做到既授权又不失控制呢？下面几点颇为重要。

（1）评价风险

每次授权前，领导者都应评价它的风险。如果可能产生的弊害大大超过可能带来的收益，那就不予授权。如果可能产生的问题是由于领导者本身原因所致，则应主动矫正自己的行为。当然，领导者不应一味追求平稳保险而像小脚女人那样走路，一般来说，任何一项授权的潜在收益都和潜在风险并存，且成正比，风险越大，收益也越大。

（2）授予"任务的内容"，不干涉"具体的做法"

授权时重点应放在要完成的工作内容上，无须告诉完成任务的方法或细节，这可由下级人员自己来发挥。

（3）建立信任感

如果下属不愿接受授予的工作，很可能是对领导者的意图不信任。所以，领导者就要排除下属的疑虑和恐惧，适当表扬下属取得的成绩。另外，要着重强调：关心下属的成长是领导者的一项主要职责。

（4）进行合理的检查

检查有以下的作用：指导、鼓励和控制。需要检查的程度取决于两方面：一方面是授权任务的复杂程度；另一方面是被授权下属的能力。领导者可以通过要求下属写进度报告，在关键时刻同下属进行研究讨论等方式来评价下属的成绩。

（5）学会分配"讨厌"的工作

分配那些枯燥无味的或人们不愿意干的工作时，领导者应开诚布公地讲明工作性质，公平地分配繁重的工作，但不必讲好话道歉，要使下属懂得工作就是工作，不是娱乐游戏。

（6）尽量减少反向授权

下属将自己应该完成的工作交给领导者去做，叫作反向授权，或者叫倒授权。发生反向授权的原因一般是：下属不愿冒风险、怕挨批评、缺乏信心，或者由于领导者本身"来者不拒"。除去特殊情况，领导者不能允许反向授权。解决反向授权的最好办法是在同下级谈工作时，让其把困难想得多一些、细一些，必要时，领导者要帮助下属提出解决问题的方案。

9. 苛希纳定律：用人在精不在多

要义：实际管理人员比最佳人数多，工作时间不但不会减少，反而会随之增加，而工作成本就要成倍增加。

提出者：西方著名学者苛希纳

部分企业会有一种不因岗设人而因人设岗的倾向，造成企业机构臃肿、层次重叠、人浮于事、效率低下。其主要表现为：结构设置过多，分工过细，人员过多，严重超出实际需要。这样，自然会给企业带来许多不良后果。

在管理上，并不是人多就好，有时管理人员越多，工作效率反而越差。管理者要认真研究并找到一个最佳人数，最大限度地减少工作时间，降低工作成本，只有确定一个最合适的人数，管理才能收到最好的效果。苟希纳定律虽是针对管理层人员而言的，但它同样适用于对公司一般人员的管理。在一个公司中，只有每个部门都真正达到了人员的最佳数量配置，才能最大限度地减少无用的工作时间，降低工作成本，从而达到企业的利益最大化。沃尔玛前总裁山姆·沃尔顿为我们提供了一个很好的案例。

作为全球最大零售企业之一沃尔玛公司的掌舵者，山姆·沃尔顿有句名言："没有人希望裁掉自己的员工，但作为企业高层管理者，却需要经常考虑这个问题。否则，就会影响企业的发展前景。"他深知，企业机构庞杂、人员设置不合理等现象，会使企业官僚之风盛行，人浮于事，从而导致企业工作效率低下。为避免这些问题在自己的企业内发生，沃尔顿想方设法要用最少的人做最多的事，极力减少成本，追求效益最大化。

从经营自己的第一家零售店开始，沃尔顿就很注重控制公司的管理费用。在当时，大多数企业都会花费销售额的5%来维持企业的经营管理，但沃尔玛则力图做到用公司销售额的2%来维持公司经营。这种做法贯穿了沃尔玛发展的始终。在沃尔顿的带领下，沃尔玛的员工经常都是起早贪黑地干，工作卖力尽责。结果，沃尔玛用的员工比竞争对手少，但所做的事却比竞争对手多，企业的生产效率当然就比对手要高。这样，在沃尔玛全体员工的苦干下，公司很快从只拥有一家零售店，发展到了现在的拥有全球2000多家连锁店。公司大了，管理成本也提高了，但沃尔顿却一直不改变过去的做法——将管理成本维持在销售额的2%左右，用最少的人干最多的事！

沃尔顿认为，精简的机构和人员是企业良好运作的根本。与大多数企业不同，沃尔玛在遇到麻烦时，不是采取增加机构和人员的办法来解决问题。相反，而是追本溯源，解聘失职人员和精简相关机构。沃尔顿认为，只有这样才能避免机构重叠和臃肿。

在沃尔顿看来，精简机构和人员与反对官僚作风密切相关。他非常痛恨企业的管理人员为了显示自己地位的重要，而在自己周围安排许多工作人员的做法。他认为，工作人员的唯一职责，就是为顾客服务，而不是为管理者服务。凡是一切与为顾客服务无关的工作人员，都是多余的，都应该裁撤。他说："只有从小处着想，努力经营，公司才能发展壮大！沃尔玛能有今天的成功，自始至终地坚持低成本运作这一点功不可没。"

在一个充满竞争的世界里，一个企业要想长久地生存下去，就必须保持自己长久的竞争力。企业竞争力的来源在于用最小的工作成本换取最高效的工作效率，这就要求企业必须要做到用最少的人做最多的事。只有机构精简，人员精干，企业才能保持永久的活力，才能在激烈的竞争中立于不败之地。

第二章
领导力管理法则

　　领导力，是每一个管理者要取得工作成绩必备的技能和素质，也是每一个矢志成功的人士必须具备的能力和素质。谁拥有卓越的领导力，谁就拥有了整个世界。它像一种召唤，在政治上可以救国图存，吊民伐罪；它像一种武器，在战场上可以拔旗易帜，克敌制胜；它像一种资本，在商场上可以操奇计赢，点石成金；它像一种号令，在职场上可以招之即来，一呼百应。

1. 吉尔伯特定律：领导者的人格魅力

要义：人们喜欢为他们喜欢的人做事。

提出者：美国管理学家瑟夫·吉尔伯特

所谓人格魅力，指的是人整体的精神面貌，即人的性格、气质、能力等特征的总和。列宁曾指出："保持领导不是靠权力，而是靠威信、毅力，靠比较丰富的经验、比较渊博的学识以及比较卓越的才能。"

一个企业的领导者，就如同军队的统帅一样，他凭什么让自己的部属信服自己，听自己的号令呢？是靠权力、金钱吗？当然不是。真正卓越的领导者，拥有权力和金钱影响之外的一种能力，一种能让人钦佩、信服的人格魅力，以此来感召自己的手下。

俗话说："士为知己者死，女为悦己者容"。我们每一个人都倾向于为自己佩服、敬重的人效力，而且往往是不计得失的。不要小看领导者的人格魅力，对于企业的发展而言，那是一种强大的推动力。

一个富有人格魅力的企业家，对于营造融洽的团队氛围、提高公司的运营效率，以及扩大公司的影响力，都起着至为关键的作用。尤其是在企业发展的初期，由于企业机制尚不完善，领导者的人格魅力所起到的作用就更加突出。

那么，富有人格魅力的企业家是什么样子的呢？我们来看一位企业家的例子。

在人格魅力方面，美国国际电报电话公司(ITT)总经理哈罗德·杰尼绝对是一个表率。从1959年起，杰尼在ITT的总经理位置上稳坐了20年之久。在杰尼任职期间，ITT创造了连续58个季度利润上升的记录——十几年来，每年都以10％的增长率上升，不论是美国的经济萧条还是上升时期。这样的业绩一次又一次震惊了华尔街。

杰尼成功的因素有很多，但很重要的一点就是：用热情感染员工。

在杰尼的心中有一个目标，就是要建立一个世界上创利最多的公司。而他的行动也证明了他的热情和干劲：他有着惊人的精力、天生的热情、敏捷的头脑，一天在办公室工作 12—16小时是常事。不仅如此，他回家还要看文件。他废寝忘食、不遗余力地工作，使公司所有的人都受到了感染，大多数经理人员工作都热情高涨，非常努力。

杰尼说："作为一个领导，激发部下干出好成绩的最好方法在于平时用一言一行使他们相信你全心全意地支持他们。"为此，他把难度极高的工作分派给下属，激励他们挑战原本可望而不可即的高峰。一旦下属出色地完成任务，杰尼一定会大加赞赏，而且总是称赞得恰如其分，如果下属是以智取胜而完成任务的，杰尼就会赞赏他的才智；如果下属是靠苦干而成功的，杰尼就会表扬他的刻苦精神。这种卓尔不凡的领导力似乎有一种不可抗拒的力量，激发着每位员工勇敢超越自己的极限。

作为一名优秀的总经理，杰尼一点都不高傲，他欢迎来自下属的批评。杰尼认为，只有开诚布公，才能激励大家发挥创造力。

就是这样一位出生平平，做过会计，半工半读8年才挣得大学文凭的杰尼，以非凡的领导力影响了一大批有才华的人——到杰尼退休时，曾经担任ITT的经理，之后到其他公司担任要职的总经理已有130人。这些颇有建树的人谈起杰尼时，都是恭之敬之、钦佩之至。因为杰尼培养了他们，并影响了他们的一生。从这个意义上讲，杰尼是他们的一面镜子，更是美国企业界成功的领导典范。

人格魅力是一个人精神和品德的内在属性。一个人精神和品质的吸引力，根本在于其受到他人的喜爱、仰慕和渴望接近的性格品质。尤其对于具有人格魅力的领导者，能像磁石般地使众人聚集在他的周围。

在形成人格魅力的各种因素中，有一些因素似乎是与生俱来的，但更多的因素需要依靠后天的修养。那么，对于广大企业管理者而言，应该从哪几个方面着手，来加强自身的修养呢？有人曾用四句话，对此做了一个很好的总结。这四句话是这样的：

第一句：公道正派，靠无私无畏的品质感染人；

第二句：以身作则，凭扎实过硬的作风信服人；

第三句：心胸坦荡，以海纳百川的气度厚待人；

第四句：善达人意，用坦诚亲切的情感亲和人。

一个企业管理者，如果能长期在这四个方面努力，不断增强自己的人格魅力，这无论对企业还是对企业管理者本人而言，都将是一笔无可替代的财富。

2. 克里奇定理：领导是组织的塑造者

要义：没有不好的组织，只有不好的领导。

提出者：美国军事家克里奇

领导是一个组织的塑造者，魅力是领导艺术的最高境界。领导魅力是无形的，它主要表现为对周围环境及下属的影响与感召力。

日本理光株式会社是国际一流光学仪器企业，人才济济。然而，领导层却决定选用争强好胜、经常和下属发生冲突的市村清作为总经理。

市村清被员工们私下里称为"刺儿头"，任命他当总经理的消息一经公布，在理光社上下引起轩然大波。市村清并没有被困难吓倒，他上任后大刀阔斧地开展工作，依旧是得理不让人。因此，还是不断与下属发生争吵和摩擦。员工们有的不服、有的嫉妒、有的干脆采取不合作的态度。

市村清的内心非常痛苦，他知道自己的身份变了，不能再像过去那样，可是这种直来直去的性格老是改不掉。怎样做一个大公司的总经理才算合格呢？他决定去拜访一位前辈。

一天，他毕恭毕敬地坐在前辈面前请教："您说像我这样性格刚烈的刺儿头，是否不适合当领导？"

"难道你想变成一个八面玲珑、见风使舵的人吗？"前辈一针见血地问道。

"我想是的，这样可能会好一些。"市村清小心地答道。

"不行，那绝对不行！"前辈严肃地说。"如果你磨去棱角，真的变成一个处事圆滑，一团和气的人，那你就和别人没有什么区别了，你就不是市村清了。与其谨慎地纠正缺点，还不如勇敢地发挥长处，这才是增强领导能力的上策。"

接着，前辈又为市村清做了一个形象的比喻，他说："你就像日本的一种糖球儿，浑身满是棱角，还有许多小凹坑；如果把棱角凹坑磨去，是可以变成一个圆糖球儿，但那是个小糖球儿。如果随着年龄的增长，知识和阅历不断丰富，把自己的缺陷填满，你就会变成一个更大的糖球儿即是一个成熟的领导者，你和普通员工的素质差别就更大了。"

前辈的一席话，使市村清豁然开朗。回到公司后，他感到干劲更足了，魄力更大了。在他担任总经理的日子里，他把理光企业经营得有声有色，而自己也逐渐成为一名出类拔萃的领导者。后来，市村清被提升为会社社长。

领导者要具有"魅力"。一个有魅力的领导是能吸引更多的追随者的，但魅力并不是全部，不等于讨人喜欢。其实，一个成功的领导人也有各式各样的个性和魅力。《财富》500强中许多公司的成功的CEO们都被部下描绘为"令人乏味"甚至"讨厌"，但这并不妨碍他们成为优秀的领导者。

作为领导者，用不着找个最成功的领导人设法去模仿他，因为真正对你最有效的领导方式，是发挥你个人的魅力所形成的领导风格。一个优秀的企业领导者，他的领导魅力大致体现在以下四个方面：

（1）高瞻远瞩的眼光

领导者是决策者，因此一定要有不俗的眼光，面对竞争激烈和纷繁变化的世界，能够找到正确的方向，并带领团队全力以赴。

（2）聪慧敏捷的头脑

《三国志》中有一句名言："功以才成，业以才广"。"才"是领导者成就事业的关键因素。一个优秀的领导者应该有智慧、反应敏捷，能够游刃有余地处理各种事务，能够在自己的领域里做出超乎寻常的贡献。

（3）海纳百川的胸怀

海纳百川、有容乃大不仅是历代名君的治国策略，也是一个成功领导人的基本素质。而且这点对于现代企业领导者来说显得越发重要。领导者要有宽大的胸怀，做到用人所长，容人之短，谅人之过，这样才能笼络人心。

（4）从容优雅的风度

从容表现为"泰山崩于前而色不变"的大将风度，用自己的信心和能力处理问题；优雅则要求领导者要有风趣高雅的谈吐和得体的举止，用自己的良好形象捕获众人的认可。

可以说，这几个方面都来自领导自身。因此，要想使自己优秀，领导者必须不断地加强自身的素质修养，提高个人领导魅力，增强非权力性影响力，从而提升领导水平。

下面是提高领导个人魅力的有效途径：

（1）有独特的个人风格

要成为超越他人的领导者，就必须具备特有的个人风格，具有使下属仰慕你、追随你的吸引力。

（2）必须具有责任感

任何时候，领导者都要勇于承担责任，不能找任何借口。就因为你是领导，面对已经出现的问题，如果你说"这不是我的错""那是他的责任"之类的话，你绝不是一个合格的领导人。

（3）一身正气

正所谓"其身正，不令则行；身不正，虽令不行"，领导者品行好，行得正、竖得直，才能让员工信服。

（4）善于自我省察

在落实具体问题时，许多领导人总是爱从员工身上"开刀"，而不是进行自我检讨，分析问题的根源，最终导致问题得不到有效解决。所以，领导者要"每日三省其身"，不断提升自己，为员工树立榜样。

（5）对员工一视同仁

在工作中，要学会公平地评价员工，合理分配工作，更应当学会论功行赏，"一碗水"端平，才能树立领导的威信。

世界上没有十全十美的人，同样也没有十全十美的领导者。但我们会遇到一些在某一时期对某一组织而言也许是"完美"的领导者。领导者也许只是在合适的时间里坐在了合适的位置上。就是说，他们认识到了组织在某一时间点上获得成功所需要的因素。这一点会因外部与内部情况及环境的不同而改变。

3. 韦特莱法则：成为领导者必有过人之处

要义：成功者所从事的工作，是绝大多数人不愿意去做的。

提出者：美国管理学家D·韦特莱

韦特莱法则是一个很通俗易懂的道理，每个人都能明白，却很少有人能做到，正如每个人都梦想能够成功，却很少有人将其化作思想，付之于行动。韦特莱法则对大多数人是一种鞭策，对成功者是一种激励，大多数人需要改变自己的行为，成功者需要沿着成功的路继续前行。

韦特莱法则告诉我们创新就在身边，成功仅离我们一步之遥，关键在于我们是否能够留心观察、留心发现，并能用我们的信心、勇气和恒心及时、迅速地付之于行动。管理者要先有超人之想，后有惊人之举，能做到不落俗套，就可不同凡响。

林肯就是一个能够成功运用韦特莱法则的成功领导者。

美国内战结束后，法国记者马维尔去采访林肯，他问道："据我所知，上两届总统都想过废除黑奴制度，《解放黑奴宣言》也早在他们那个时期就已草拟，可是他们都没拿起笔签署它。请问总统先生，他们是不是想把这一伟业留下来，给您去成就英名？"林肯答道："可能有这个意思吧。不过，如果他们知道拿起笔需要的仅仅是一点勇气，我想他们一定非常懊丧。"

马维尔一直都没弄明白林肯这句话的含义。

林肯去世50年后，马维尔才在林肯致朋友的一封信中找到答案。林肯在信中谈到幼年时的一段经历：

"我父亲在西雅图有一处农场，里面有许多石头。正因为此，父亲才得以以较低的价格买下。有一天，母亲建议把石头搬走，父亲说，如果可以搬，主人就不会卖给我们了，它们是一座座小山头，都与大山连着。有一年，父亲去城里买马，母亲带我们在农场里劳作。母亲说，让我们把这些碍事的东西搬走好吗？于是我们开始挖那一块块石头。不长时间，就把它们给弄走了，因为它们并不是父亲想象的山头，而是一块块孤零零的石块，只要往下挖一米，就可以挪走它们。"

读到这封信的时候，马维尔已是76岁的老人，就是在这一年，他正式下决心学汉语。据说3年后的1917年，他在广州旅行采访，是以流利的汉语与孙中山对话的。

每个人都想成功，但在真正面对现实时，许多人却又表现得无所适从。慢慢地，他们会觉得成功是人才才能办到的事，自己是没什么指望了。因为有很多人都这样想，就注定了只有一小部分人能取得成功。其实，所谓成功者，与其他人的唯一区别就在于，别人不愿意去做的事，他去做了，而且全身心地去做。所以，成大事其实只需要那么一点点勇气。

4. 本特利论断：领导者要有集体意识

要义：领导并不是个别领导人的事务，从根本上说，它是集团的事务。

提出者：美国政治学家阿瑟·本特利

任何一个企业要成功，必须有一个团结协作的组织或群体来共同达成目标。这是不容否认的事实。一个真正的有效率的团队，应该看起来就像一个人一样，身体每一部分的配合与协调都自然随意，妙到好处。要做到这一点，领导者必须要有集体意识，学会与下属培养默契，找到"心有灵犀一点通"的感觉。

联邦快递是创立最早、全球最大的航空快递公司，目前，它向包括中国在内的220个国家及地区提供24～48小时门到门的快递运输服务。有统计显示，联邦快递每个工作日运送的包裹超过320万个，每年运送包裹总价值达到600多亿美元，全球拥有超过138000名员工、50000个投递点、671架飞机和41000辆车，并且通过互联网网络与全球100多万客户保持密切的电子通信联系。

如此繁杂的业务量靠的就是团队的精诚合作。在联邦快递遍布全球的物流网络上，有成千上万个团队，如负责销售的Sales团队、负责收派件的Courier团队、负责分拣的Serviceagent团队、负责客户服务的800团队、负责调度的Dispatch团队，以及负责技术的团队和负责航空运输的团队等。这些团队成员每时每刻都在高度负责地传递着客户的包裹。如某个环节出现纰漏或失误，都可能给下一道工序造成连锁且成倍的压力，甚至可能给客户造成无法挽回的损失。用联邦快递员工的话说就是："与时间做斗争，而且要求准确无误。"毫无疑问，这种环环相扣、时间连续、跨越区域的业务，没有一支庞大的具有合作精神的团队是绝对不行的。

凭借这种巨大的团队力量，联邦快递获得了令人瞩目的成功。2004年，联邦快递公司被《财富》杂志评为2004年度"全球十大最受推崇公司"。正如联邦快递的创始人弗雷德·史密斯所说的："能够得到尽可能多的人的合作是创业成功的第四条秘密。"

作为团队的领导者，固然要让每位成员都能拥有自我发挥的空间，但更重要的是，领导者要用心培养团队，消除个人主义，形成整体搭配、协调一致的团队默契，同时，努力使彼此了解取长补短的重要性，毕竟，合作才会产生巨大无比的力量。因此，经常教导、灌输成员了解相互依存、整体搭配的团队默契，是增进团队精神的另一个重要手段。

自然界中就存在这样的榜样。众所周知，蚂蚁是最具有团队合作精神的动物。寒带、热带、屋里、屋外随处可见它们的踪迹。根据研究发现，蚂蚁的种类高达3000多种，它们永远过着团体生活，有时候一窝蚂蚁有好几万只，也有一窝数十只的，不过每一个蚁窝都有一只蚁后（有些是一只以上的蚁后），若干工蚁、雄蚁及兵蚁共同组成，它们各司其职，分工合作。蚁后的任务是繁殖、产卵；工蚁负责建造、觅食、运粮、育幼等工作；雄蚁负责和蚁后交配；兵蚁的主要任务是抵抗外侮，保护家园。一窝蚂蚁群总是一条心发挥各自的专长、团结合作。蚂蚁群策群力，组建有效团队的做法，实在值得组织领导人认真反省与思考！

领导者需要唤醒团队成员通力合作的观念，将焦点集中在同心协力的行动和甘苦荣辱的感受上。和下属一起看一场职业篮球赛，一起观察蚂蚁、白鹤、海豚等动物群策群力、扶持相助的场面，也可以选一本讲团队精神的书分享阅读，还可以率领下属参观工厂。

要建立一支有效率的团队，并非一蹴而就的事，但是，如果能在以下基础上持续努力的话，一定可以帮助你早日实现愿望：对建立团队保持正面、积极的态度，把伙伴当成珍贵无比的"资产"来看待；融入组织之中，和成员们打成一片，打破"我是领导，听我的命令做事"的作风，包容、欣赏、尊重成员的个性差异；确信每一位成员都愿意与他人形成团队，设定团队目标，一起参与讨论重大问题的解决方法，使组织内每位成员都明白建立团队的重要性；在公平的基础上分派任务，分配报酬，有赏、有功劳大伙共享，有罚、有责难共同承担。

当过兵的人都知道，凝聚力能使战斗力增强。一支小而精炼的部队，若有坚强的凝聚力，往往能战胜大过它好几倍的强敌。

英国著名企业策划专家博比·克茨在《公司协作中的御人术》一书中认为："企业领导的责任不是仅仅考虑员工个人才能的释放问题，而是应该根据每个员工个人才能的特点，加以组织起来，并形成团队协作力量的问题。没有团队协作的个人才能，仅仅是局部的效应；如果要真正构成重大的竞争势头，必须有效地把这些分散的个人才能组织起来，构成团队协作结构的力量。因此，企业领导应该注重员工凝聚力的培养，这是一家企业管好人、用好人、人气旺盛的标志。"这就是说，企业领导管理员工应该从"大处着眼，小处着手"，充分把个人放在整体中考察和任用，力戒鼠目寸光，仅顾眼前利益，要重视长远规划。企业的生命应当是持久的，要做到这一点，企业领导能否把企业员工组织构建起"团队协作结构"至关重要。

5. 怀特定律：领导者要讲诚信

要义：领导在群体外的声望有助于巩固他在群体中的地位，而他在群体中的地位又提高了他在外界的声望。

提出者：美国社会学家S·怀特

管理者讲信用，被领导者就会真诚地对待上级而不会违背命令。所以，以诚信的态度对待部属、尊重职工，是企业人事管理的第一要素。一个管理者若不具备"信"的品质，这个人也就没有什么声望可言，管理也会失败。

管理者要规范自己和员工的行为，使广大员工认识到，维护企业信誉是自己的神圣责任，自己的行为会给企业的声誉和经营带来影响，一举一动都直接关系到企业的整体形象。一位资深管理学研究者曾说："世界上最容易损害一个经理威信的，莫过于被人发现其在行骗。"诚实坦率并不会影响当权者的形象，恰恰相反，它只能让当权者的形象高大起来，增加人们对他们的依赖。

英特尔总裁葛洛夫就是言行一致的表率。

英特尔从创立开始就非常强调"纪律"，处处都有清楚的规定。每天早上的上班制度就是最好的例证。在当时的硅谷，很多IT公司里，每个人每天都可以来去自由，上下班时间几乎可以说是自由的，根本没有人管员工是几点钟到的。而在英特尔，每天上班时间从早上8点整开始，8点05分以后才来报到的同事，就要在"英雄榜"上签名，背负迟到的罪名，即使你前一天晚上加班到半夜，隔天上班时间仍是8点。

英特尔要求员工准时上班最主要的目的，是希望确保每件事能够准时开始，像公司会议、报告、专案进度以及最重要的交货时间等。英特尔特别重视团队合作，任何一个不守时的行为都会影响团队中其他成员，对公司资源造成浪费，因此，"准时"成为纪律要求的第一条规范。

有一次，上班从不迟到的葛洛夫竟也迟到了，他同样也在上面签名，一点也没有特权。他还在上头加注："没有人是十全十美的。"自我揶揄了一番。

中国自古有"人无信不立""人以信为本"的训诫，作为领导，如果不守信用就无法服众，也就没有领导的权威。

假如领导者想获得卓越的驾驭下属的能力，就必须做到言必行、行必果。这些忠告应时时出现在领导者的心里：不要承诺尚在讨论中的公司决定和方案，不要承诺你办不到的事，不要做出自己无力贯彻的决定，不要发布难以执行的命令。

假如领导者打算说话一诺千金，就必须诚实。因为诚实是道德标准的一种体现，意味着人格的正直、胸怀的坦荡，而且真挚可信。

王永庆先生说过："做生意和做人的第一要素就是诚实，诚实就像是树木的根，如果没有根，树就别想再有生命了。"诚信是一个人立身处世的基点，一个人如果没有诚信，就等于失去了做人的基本条件。反之，如果能以诚待人，一定会得到越来越多的支持和帮助，工作和事业也会开创出崭新的局面。诚信对一个人、一个企业都是无形的财富，是一笔巨大的无形资本，无论是个人还是团队，坚持走正直、诚实的道路，必定会实现良好的愿景。

优秀的管理者应该督促员工成为有诚信的人，以诚待人，就能在可以信赖的人们之间架起心灵之桥，从而通过这座桥打开对方的心灵大门，并在此基础上并肩携手、合作共事。诚实地待人处世，不仅对个人的心理健康有益，而且有助于消除人际间的猜疑，有利于增进人际间的互信与团结。当诚信成为一个团队的标志时，这个团队不仅具有高度的凝聚力，还会赢得客户及合作伙伴的高度信赖，从而在市场竞争中占据主动地位。

不说空话、言行一致，自然会得到员工的信任与拥戴。公司的凝聚力和战斗力也由此而来。然而，有些管理者却经常信口开河，不信守自己的承诺，让员工经常感觉被欺骗，自然会失去管理者的信任，管理者被员工疏远，很难再得到员工的支持与帮助。

经常欺骗别人的人也会受到别人的欺骗。出尔反尔、言行不一，员工也会暗地里欺骗你、糊弄你，公司又怎么会取得好的绩效呢？管理者的地位又怎能保得住呢？

一名优秀的管理者，应严于律己、言行一致。不说空话、言行一致，自然会得到员工的信任与拥戴，公司的凝聚力和战斗力也由此而来。

日本著名企业家土光敏夫说：对企业员工"为了真正做到相互信赖，首先要努力使自己成为'可以信赖的'，不要一味要求对方信赖自己"。给员工的许诺要慎重，既提出就要按照孔子所说的"言必信，行必果"去做。

人是具有理性、意志和情感的动物，人的理性使人类能认识自然、认识社会以及认识自身，正因为如此，人类才有今天的文明。但是，人又是有情感的，人的意志和行为不仅受理性的支配，同时还要受情感的支配，有的时候情感的支配比理性还更重要，所以，在企业管理中，管理者要进行情感的投入，以诚对待下属，以创造和谐的人际关系氛围。

6. 刺猬理论：权威感来自距离

要义：刺猬理论强调的就是人际交往中的"心理距离效应"。

提出者：英国行为学家L·W·波特

一个优秀的领导者和管理者，要做到"疏者密之，密者疏之"，保持好与员工之间的远近关系，既要避免下属的防备和紧张，减少下属对自己的恭维、奉承、送礼、行贿等行为，又要防止与下属称兄道弟、吃喝不分。这样做既可以获得下属的尊重，又能保证在工作中不丧失原则，这才是成功之道。

另外，保持"适度距离"从管理角度上讲是充分尊重并认可每一位企业员工对公司的重要性，这种做法符合人性内在渴望平等的心理需要，从而营造出一种和谐的人际氛围。

法国总统戴高乐就是一个很会运用刺猬法则的人。他有一个座右铭："保持一定的距离！"这也深刻地影响了他和顾问、智囊团和参谋们的关系。在他十多年的总统岁月里，他的秘书处、办公厅和私人参谋部等顾问和智囊机构中，没有什么人的工作年限能超过两年。他对新上任的办公厅主任总是这样说："你的任期是两年，正如人们不能以参谋部的工作作为自己的职业，你也不能以办公厅主任作为自己的职业。"这就是戴高乐的规定。这一规定出于两方面原因：一是在他看来，调动是正常的，而固定是不正常的。这是受部队做法的影响，因为军队是流动的，没有始终固定在一个地方的军队。二是他不想让"这些人"变成他"离不开的人"。这表明戴高乐是个主要靠自己的思维和决断而生存的领袖，他不容许身边有永远离不开的人。调动能保持一定距离，能保证顾问和参谋的思维和决断具有新鲜感，而保持一定的距离，也可以杜绝顾问和参谋们利用总统和政府的名义徇私舞弊。

戴高乐的做法是令人深思和敬佩的。没有距离感，领导决策过分依赖秘书或某几个人，容易使智囊团干政，进而使这些人假借领导名义，谋一己之私利，最后拉领导干部下水，后果是很危险的。比较而言，当然是保持一定距离好。

通用电气公司的前总裁斯通在工作中也很注意身体力行刺猬理论，尤其在对待中高层管理者上更是如此。在工作场合和待遇问题上，斯通从不吝啬对管理者们的关爱，但在工作之余的时间，他从不邀请中层员工到家做客，也从不接受他们的邀请。正是这种保持适度距离的管理，使得通用的各项业务能够芝麻开花节节高。

与员工保持一定的距离，既不会使你高高在上，也不会使你与员工身份混淆，这是管理的一种最佳状态。距离的保持靠一定的原则来维持，这种原则对所有人都一视同仁：既可以约束领导者自己，也可以约束员工。掌握了这个原则，也就掌握了成功管理的秘诀。

7. 特里法则：有过则改，善莫大焉

要义：坦率地承认自己的错误，承认错误是一个人最大的力量源泉。

提出者：美国田纳西银行前总经理L·特里

领导作为制度的制定者和执行者，应当怎样才能不让自己的制度只是

一纸空文呢？除了要严格地要求员工以外，自己遵守也是十分必要的，只有做到以身作则，起到模范带头作用，才能先律己后律人。不仅如此，还要勇于自我责罚。所谓王子犯法，与庶民同罪。

只有这样的领导才能树立起威信，也只有这样的领导才能制定出行之有效的规章制度。

一次，CNN一个著名主持人邀请美国前总统克林顿的夫人希拉里到哈佛大学一个讲演厅进行独家采访。约定的时间到了，希拉里却没有来，女主持人用手机与总部联系。这时，看门人走上前，温和地劝她到外面去用手机，因为厅壁上贴有告示：本厅禁用手机。

不一会儿，希拉里翩然而至，两人携手在厅内坐定。女主持人似乎忘了看门人的告诫，又拿起了手机。看门人再度向前，态度虽不失礼貌，却严肃了许多："请你离开这里，女士，这里按规定不许使用手机。"

女主持人却很不知趣，反而拉起希拉里的手，对看门人说："你知道她是谁吗？"看门人当然知道她是美国前第一夫人，但仍然回答说："我不在乎。"女主持人还想再说，倒是希拉里识大体，道歉之后，赶紧拉着女主持人的手走出了大厅。

在我们的意识里，像希拉里这种地位崇高的人物，似乎完全有权骄横跋扈、对人颐指气使，也有资格掸掉任何对自己的"过不去"，就像掸掉衣服上的灰尘那么简单。然而上面这则看门人的故事，修正了我们关于位高权重之人的特权意识，也修正了我们自己的特权意识。在现代社会里，最值得尊重的并不是高贵的地位，而是公认的规章制度。

制度面前人人平等，任何人都得受制于制度，不得凌驾于制度之上，更不能凭自己的意愿胡作非为。凌驾于制度之上的特殊人物的存在是对制度的践踏，使制度形同一纸空文，写在纸上、说在嘴里、贴在墙上却无法落实在行动上。管理者要想实现卓有成效的管理，就必须要做到以身作则，以身作则最具有说服力。

"己身正，不令而行，己身不正，虽令难从。"榜样的力量是无穷的。身为一名管理者，要比员工付出加倍的努力和心血，以身作则、严以律己，树立一个良好的形象。这样整个团队上行下效，方能增强公司的凝聚力。

本田宗一郎作为本田技研公司的创始人之一，在管理方面有自己一套独特的方式。

本田宗一郎总是自己率先去干棘手的事、艰苦的活儿，亲自做示范，无声地告诉自己手下的员工：你们也得这样干！

本田宗一郎以粗暴待人而闻名日本。他一看见职工做得不对，拳头立刻就会飞过去。但是，年轻的员工总在想，只要老头子不辞退自己，就干下去。想归想，但他们并不讨厌老头子的人品，更多的反而是佩服老头子的表率作用。

有一天，为了谈一宗出口生意，本田宗一郎在滨松一家日本餐馆里招待外国商人。和平常一样，他们叫来了艺伎助兴。正喝得起劲时，麻烦来了——一名外国商人进厕所时，不小心弄掉了假牙。宗一郎听说后，二话没说跑到厕所，脱光衣服，跳下粪池，用木棒打捞。但是，如果用力过猛，假牙就会沉下去，所以得小心翼翼地慢慢打捞。宗一郎捞了好一阵子，木棒碰到了一个小小的硬块，假牙找到了。

宗一郎把假牙打捞起来，冲洗干净，并进行细致的消毒处理。之后，宗一郎进澡堂冲洗干净身子。假牙失而复得，宗一郎拿着它，又回到了宴席上，高兴得手舞足蹈。

无望寻假牙的外国人感动了，甚至被宗一郎的行为震惊了，宴会又沸腾起来了。宗一郎的行为，使藤泽下定决心一辈子和宗一郎合作下去。

管理员工之前先管理好自己。优秀企业的经营者或管理者往往都有一个共通点，即率先做别人的榜样，事事走在员工的前面。身为一个管理者，并不是高高在上，对员工指手画脚，而是事事带头、处处领先，发挥一种先锋模范作用，带动全体员工自主自发地参与企业的发展进程，这样才能赢得员工的拥戴与合作。

竞争无处不在，处处都如战场。管理者的一举一动都将影响企业的发展，对自己苛求，这有利于减少自己的错误、减少事业发展中的弯路；对别人包容，这将会让大家与你能轻松相处。这样为人能让你成为一个值得信任和交往的人，你的人际交往的圈子就会越来越大，能人愿和你打交道、肯为你出力，你事业成功的可能性也就会增大。一个成功的管理者，应该做到常自我反省，出了错敢于承担，而对别人则要学会包容。

约翰·罗素爵士以深刻的洞察力指出："在英国，要向天才人物请求帮助，听从品格高尚的人的教导，这是一条根本的原则。"一个管理者如果想真正经营好一个企业，要通过规章制度进行严格管理，还要通过非权力影响力使员工进行自我约束。管理者要想获得非权力影响力，严于律己显然是一条最为重要的途径。

8.　法约尔原则：有权力就要有责任

要义：凡权力行使的地方，就有责任。

提出者：法国管理学家亨利·法约尔

犯错与失职并不可怕，可怕的是否认和掩饰错误。勇于承担责任的管理者，会让员工觉得是心胸坦荡、有责任心的人。因为负责任而树立起的威信更能让员工信服，从而赢得员工的尊重和支持，否认和掩饰错误只会一错再错，失去员工的信任。

有一家生产日化用品的公司，由于厂房地势较低，每年都要进行抗洪抢险。一天，管理者要出差，出差之前，他叮嘱几位负责人要时刻注意天气。

一天晚上，天气预报说有雨，管理者担心厂房被淹。于是就给几位负责人打电话。当时，厂房所在地已经下雨了，可能由于天气关系，管理者一连打了几个电话都打不通，最后打到了财务经理的家里，管理者让他立即到公司查看一下。

"嗯，我马上处理，请放心！"接完电话，财务经理并没有到公司去，他心里想：这事是安全部的事情，不该我这个财务经理去处理，何况我的家离公司还有好长一段路，去一趟也费事。于是，他给安全部经理打了一个电话，提醒他去公司看一下。安全部经理接到电话时有些不愉快，心里想：我安全部的事情，凭什么听你的。他也没有去公司，当时他正在看电视，连电话也没有打一个去询问情况、安排工作，他心里想：反正有安全科长在，不用担心。

安全科长没有接到电话，但他知道下雨了，并且清楚下雨意味着什么，但他心里想有好几个保安在厂里，用不着他操心。当时，他正在和朋友下棋，甚至把手机也关了。

那几个保安的确在厂里，但是，用于防洪抽水的几台抽水机没有柴油了，他们打电话给安全科长，科长的电话关机，他们也就没有再打，也没有采取其他措施，早早地睡觉去了。值班的那一位睡在值班室里，睡得最沉，他以为雨不会下很大。

到凌晨两点左右，雨突然大起来，值班保安被雷声吵醒时，水已经漫到床边！他立即给消防队打电话。

消防队虽然来得很及时，但由于通知的时间太晚，5个车间被淹了4个，数十吨成品、半成品和原材料泡在水中，工厂的直接经济损失高达2000万元！

事后，追究责任时，每一个人都说自己没有责任。

财务经理说："这不是我的责任，而且我是通知了安全部经理的。"

安全部经理说："这是安全科长的责任。"

安全科长说："保安不该睡觉。"

保安说："本来可以不发生这样的险情，但抽水机没有柴油了，是行政部的责任，他们没有及时买回柴油来。"

行政部经理说："这个月费用预算超支了，我没办法。应该追究财务部的责任，他们把预算定得太死。"

财务部经理又说："控制开支是我们的职责，我们何罪之有？"

管理者听了火冒三丈："你们每个人都没有责任，那就是老天爷的责任了！我并不是要你们赔偿损失，我要的是你们的态度，要的是你们对这件事的反思，要的是不再发生同样的灾难，你们却只会推卸责任！"

作为企业管理者，能否主动承担责任，体现了管理者的品格和气度。管理者不仅应该在有任务的时候勇挑重担，而且要在出错的时候率先承担责任。

香港首富李嘉诚的看法更直接：员工的错误就是管理者的错误。李嘉诚是一个非常宽厚的商人，十分体谅部下的难处。多年的经商经验让他懂得，经营企业并不简单，犯错是常有的事情，所以只要在工作中出现错误，李嘉诚就会带头检讨，把责任全部揽在自己身上，尽量不让部下陷于失败的阴影。他常说："下属犯错误，管理者要承担主要责任，甚至是全部责任，员工的错误就是公司的错误，也就是管理者的错误。"

李嘉诚的诚恳态度令人敬佩，他能够勇于承担责任，没有找借口推脱的习惯，要从小时候在舅舅家打工说起。

初到香港的李嘉诚，在舅舅家的钟表公司工作。他非常好强，不愿落在别人后面，做事情总是想如何超越他人。自从加入钟表公司，李嘉诚非常勤奋，在别人休息时，他在学习如何修理钟表。为了尽快提高自己的技艺，李嘉诚还专门拜了一个师傅，遇到不懂的问题就去请教师傅。师傅觉得李嘉诚非常聪明，而且如此好学，很愿意教他。

有一次，师傅被派到外面工作，李嘉诚便自作主张地开始自己动手修手表。但由于欠缺经验，不但没有修好，反而把手表给弄坏了。李嘉诚知道自己闯了大祸，他不但赔不起手表，还有可能丢掉这份工作。

当师傅回来发现李嘉诚把手表弄坏后，却没有骂他，只是轻描淡写地告诉他下次不要再犯类似的错误。同时，师傅主动找到李嘉诚的舅舅，解释说是自己一时疏忽把手表掉在地上，要求给予处分。师傅绝口不提李嘉诚修表的事情，这事使李嘉诚深有感触。

本来是自己的错误，却让师傅承担下来，李嘉诚觉得过意不去，于是就向师傅道谢。结果师傅告诉他："你要记住，无论以后做什么工作，作为管理者就应该为自己的下属承担责任，部下的错就是管理者的错误，管理者应该负起这个责任，否则，就不配当领导。"

　　尽管当时的李嘉诚年纪很小，不能完全领会师傅的意思，但这句话却如同烙印一样深深印在他的脑海里——主动为部下承担过失的管理者，才是好的管理者。

　　在出了问题的时候，管理者主动承担责任，而不是逃避、推诿，不但可以稳定军心、保持士气，还有助于找到症结、解决问题。即使承担了一时难以辨明或与自己无关的责任，也不要紧，这样既可以彰显品格、凝聚人心，又可以在事情水落石出后，赢得员工的敬重。

　　不找借口，能够勇于承担责任的管理者，展现的是一种高风亮节与光明磊落的人格，不仅能让上司器重，更能增加威望，下属也更服管理。

9. 克里夫兰法则：让下属自己领导自己

　　要义：成功的领导艺术的标志是，当事成之后，被领导者均认为"事情是我们自己做的"。

　　提出者：美国政治学家H·克里夫兰

　　在企业中，管理者在授权后也应退居幕后，尽量减少干扰。这样才能充分发挥出员工的能力，以此拓展业务。

在现实中，我们经常看到许多忙忙碌碌的领导，就和热锅上的蚂蚁一样，每天忙得团团转，可是却不见成效。其实，他们已经陷入了一种不可自拔的旋涡：干得越多，就越是有更多的工作需要自己亲手去做；忙得越厉害，就感觉越来越忙。因为他们总是担心自己的下属做不好工作，总是担心失去对下属的控制，总是认为只有自己才知道如何干，所以不得不一次又一次地亲自去做。相反，如果能给予下属足够的自由空间，把事情交给下属去独立完成，并且不要给予太多的干涉，就可以使自己摆脱那些烦琐的日常事务。

1926年，日本"经营之神"松下幸之助想在金泽开设一家办事处。他将这项任务交给了一个年仅19岁的年轻人。松下把年轻人找来，对他说："这次公司决定在金泽设立一个办事处，我希望你去主持。现在你就立刻去金泽，找个合适的地方，租下房子，设立一个办事处。资金我已经准备了，你拿去进行这项工作。"

听了松下这番话，这个年轻的业务员大吃一惊。他惊讶地说："这么重要的任务，我恐怕不能胜任。我进入公司还不到两年，是个新职员。我年纪还不到20岁，也没有什么经验……"他脸上的表情有些不安。

可是松下对他很有信心，以几乎命令的口吻对他说："你没有做不到的事，你一定能做到。放心，你可以做到的。"

这个下属一到金泽就立即展开活动。他每天都把进展情况一一写信告诉松下。没过多久，筹备工作都已经就绪了，于是松下又从大阪派去一些职员，协助年轻人顺利地开设了办事处。

　　松下幸之助第二年有事途经金泽，年轻人率领全体下属请董事长去视察工作。为了表示对年轻人的信任，松下幸之助拍着年轻人的肩膀说："我相信你，你只当面向我汇报就可以了。"那位年轻人非常感动，后来办事处的业绩越来越好，年轻人圆满地完成了任务。

　　松下幸之助回忆这件事时总结说："我一开始就以这种方式建立办事处，竟然没有一个失败案例……对人信赖，予之'权力'才能激励人……我的阵前指挥，不是真正站在最前线的指挥，而是坐在社长室坐镇前指挥。所以各战线要靠他们的力量去作战，因此反而激发起下属的士气，培养出许多尽职的优秀下属。"

　　管理者是否给下属足够的自我主导的空间，反映了他的管理理念是进步还是落后。管理者的精力是有限的，不可能也没有必要凡事都亲力亲为。多想、多看、少说、少干，这是高明管理者必须掌握的原则。千万不要事必躬亲。你只有站在一旁观看，才能真正"旁观者清"而避免"当局者迷"，才能更公正、更有效地判断是非曲直，才能真正看清哪些事情是企业应该坚持的，哪些事情是需要改进的。相反，如果一个领导不懂得授权，事事都由自己来决策和执行，那么，事必躬亲的结果通常是一事无成。现在很多领导之所以陷入"越忙碌越盲目"的怪圈之中，就是因为他们事必躬亲、过多干涉下属的工作。因此，所言领导过多干涉下属的工作就做不好领导，失去了做领导的最大资本，这绝非危言耸听。

第二次世界大战时，英军统帅蒙哥马利就提出过：身为高级指挥官的人，切不可事必躬亲于细节问题的制定。他自己的作风是在静悄悄的气氛中"踱方步"，在重大问题的深思熟虑方面消磨很长时间。蒙哥马利认为，在激战进行中的指挥官，一定要随时冷静思考怎样才能击败敌人。对于真正有关战局的要务视而不见，对影响战局不大的末节琐事反倒事必躬亲，这种本末倒置的做法，必将使下属们无所适从、进退维艰。当然，这样的领导也不会赢得下属的拥戴。

英国卡德伯里爵士认为："真正的管理者鼓励下属发挥他们的才能，并且不断进步。失败的管理者不给予下属决策的权利，并且奴役下属，不让下属有出头的机会。这个差别很简单，好的管理者帮助下属成长，坏的管理者阻碍下属的成长；好的管理者为他们的下属服务，坏的管理者奴役他们的下属。"这就是说，管理者要管头管脚（指人和资源），但不能从头管到脚。

公司发展得越快，业务越复杂，管理者越要看清自己在整个组织运行中的支持作用，而不是替代作用。给下属足够的自我主导空间，并不意味着领导的权力被剥夺，不干涉下属的工作能使领导从日常烦琐的事务中解脱出来，集中时间做真正应该做的事情，如企业战略的制定、企业高级人员的培养和安排、组织运行的考评，以及企业文化的建设等。著名企业家刘永行在接受采访时曾说："企业做大了，必须转变凡事亲历亲为的观念。一定要让职业管理者来做，强调分工合作。原来我一个人管理十几个企业，整天忙得不得了。后来明白了，是我的权力太集中，所以，我痛下决心，大胆放权。放权之后，我每天有七八个小时的时间学习。"

给下属足够的自我主导空间不仅能让管理者从烦琐的事务中解脱出来，而且能调动下属的积极性，使下属自觉地做好本来就应该做好的事情，甚至可能使下属做好原本并不会做的事情。给下属足够的自我主导空间，能让下属把精力直接集中在工作成果上，而不是把所有的事情都推给领导，同时也能培养下属处理问题的能力。

对于优秀的管理者来说，他的职业发展道路是可持续性发展的，路会越走越宽，职位越高工作起来越能得心应手，因为他们懂得如何让下属自我主导，对企业的管理已经达到了收放自如的境界。

第三章
激励管理法则

　　人力资源管理的吸引、保留、激励、开发四要素之中，激励是核心。古今中外各个组织的领导者、管理者都不同程度地运用各种各样的激励方式，对员工鼓舞士气、聚合人心、团结一致，这为最终实现组织目标奠定了基础。有效的激励还能激发员工的巨大潜能，从而为企业的宏远目标奉献自己的热忱。

1. 乔治定理：有效地进行交流和沟通

要义：有效地进行适当的意见交流，对一个组织的气候和生产能力会产生有益的和积极的影响。

提出者：美国管理学家小克劳德·乔治

沟通是企业成功之本，有效地进行适当的意见交流，对一个组织的氛围和生产能力均会产生有益的和积极的影响。

对企业管理者来说，管理的主体是人，管理就是如何做人的工作，所以说，人的因素是企业成功的关键因素。所有的管理问题归根到底，都是沟通的问题。通过沟通可以增强员工的信心，可以把团队的目标深入到每位成员的思想中，集合每个人的力量，将之引向整个团队最终追求的目标。

随着市场竞争的不断升级，有效的内部沟通已经成为企业成功的关键因素之一。根据国际权威机构的调查分析，企业绩效的提高70%来源于企业内部的沟通和意见反馈，能够引起思想共鸣的"沟通"是实现企业上下一条心的主要方法。通用电气公司前总裁韦尔奇曾说："现代企业必须使公司更团结、更容易与人沟通，鼓励员工同心协力为越来越挑剔的顾客服务，这样才能成为真正的赢家。"

为真正做到这一点，韦尔奇领导的通用电气公司从最高决策层到各级主管，均实行敞开式办公即"门户开放"政策，随时欢迎职工进入他们的办公室反映各种情况。最具特征的一点就是：公司从上到下，不论是总经理还是一般员工没有尊卑之分。提倡互相尊重、相互依赖，上下级之间的关系非常亲切、融洽，像是一个和睦的大家庭。正是在这种感情沟通式的管理下，通用电气公司的发展速度远远超过其他公司。

一个企业要实现高速运转，要让企业充满生机和活力，有赖于下情能为上知，上意迅速下达，有赖于部门之间互通信息，同甘共苦，协同作战。要做到这一点，有效的沟通渠道是必须的。权威调查资料表明，在一个成功企业中，中级领导大约有60%的时间在与人沟通，高级领导则可达80%，沟通的有效性对领导力和企业发展的影响可见一斑。国内外事业有成的企业无不视沟通为管理的真谛，正如英特尔公司的前任CEO安迪·格鲁夫所言："领导公司成功的方法是沟通，沟通，再沟通"。

1998年4月，摩托罗拉（中国）电子有限公司推出了"沟通宣传周"活动，内容之一就是向员工介绍公司的12种沟通方式。比如员工可以以书面形式提出对公司各方面的改善建议，全面参与公司管理；可以对真实的问题进行评论、建议或投诉；定期召开座谈会，当场答复员工提出的问题，并在7日内对有关问题的处理结果予以反馈；在《大家》《移动之声》等杂志上及时地报道公司的大事动态和员工生活的丰富内容。另外，公司每年都召开高级管理人员与员工的沟通对话会，向广大员工代表介绍公司经营状况、重大政策等，并由总裁、人力资源总监等回答员工代表的各种问题。

通过这一系列的举措，摩托罗拉让员工感到了企业对自己的尊重和信任，从而产生了极大的责任感、认同感和归属感，促使员工以强烈的责任心和奉献精神为企业工作。

沟通还能化解矛盾、澄清疑虑、消除误会。

在联想的企业文化手册中明确写道：放开自我，让别人了解你的需求，让别人了解你的困难，让别人知道你需要帮助；主动了解他人的需求，让他人感到能得到你的理解和帮助。做到五多三少：多考虑别人的感受，少一点儿不分场合地训人；多把别人往好处想，少盯住别人的缺点不放；多给别人一些赞扬，少在别人背后说风凉话；多问问别人有什么困难，多一些灿烂的微笑。正是通过这些沟通法则，联想充分唤起了员工间家庭般的和谐与温暖的感觉，营造了一个和谐温馨、信息畅通的工作氛围，达到了一种真正的上下同心。古语云：上下同心，其利断金。联想取得的成就很好地说明了这一点。

一个沟通顺畅的企业必然是一个工作气氛融洽、工作效率极高的企业，在这样的企业里工作，哪怕再苦再累，也是心甘情愿的，因为心情是愉快的。沟通创造和谐，沟通赢得人心，它能凝聚士气和斗志。这种士气和斗志，就是支撑起企业的中坚力量和脊梁。有了这样的中坚力量和脊梁，又何愁企业不发展呢？

2. 丹纳法则：认可员工的价值

要义：承认他人的劳动和贡献，他们会更积极、更努力地做出应有的回报。

提出者：美国丹纳公司

赞美是最有效的激励手段之一，是对人最佳的认可。赞美同样可以运用在管理中，表现出对员工的认可，达到激励的最佳效果。心理学家威廉姆·杰尔士说："人性最深切的需求就是渴望别人的欣赏。"优秀的管理者要巧妙运用赞美激励员工，管理者希望下属具有怎样的优点，就要以这样的标准去赞美下属。

姜爽大学毕业后被一家中日合资企业聘为销售员。工作的前两年，他的销售业绩确实不敢恭维。但是，随着对业务的逐渐熟练，又跟那些零售客户搞熟了，他的销售额就开始逐渐上升。到第三年年底，他根据与同事们的接触，估计自己当属全公司销售的冠军。不过，公司的政策是不公布每个人的销售额，也不鼓励相互比较，所以小姜还不能被肯定。

去年，小姜干得特别出色，到9月底就完成了全年的销售额，但是经理对此却没有任何反应。尽管工作上非常顺利，但是小姜总是觉得自己的心情不舒畅。最令他烦恼的是，公司从来不告诉大家谁干得好干得坏，也从来没有人关注销售员的销售额。他听说本市另外两家中美合资的化妆品制造企业都在搞销售竞赛和奖励活动。那些公司的内部还有通讯之类的小报，对销售员的业绩做出评价，让人人都知道每个销售员的销售情况，并且要表扬每季和每年的最佳销售员。想到自己所在公司的做法，小姜就十分恼火。

不久，小姜主动找到日方的经理，谈了他的想法。不料，日本上司说这是既定政策，而且也正是本公司的文化特色，从而拒绝了他的建议。

几天后，令公司领导吃惊的是，小姜辞职而去，听说是给公司的竞争对手挖走了。而小姜辞职的理由也很简单：自己的贡献没有被给予充分的重视，没有得到相应的回报。

正是由于缺乏有效、正规的考核，这家公司无法对小姜做出肯定与赞美，也没有给予相应的奖励，才使公司失去了一名优秀的员工。

其实我们每个人都渴望别人的认可、赞美和夸奖。林肯曾经说过："每个人都希望得到赞美。"著名的美国心理学家威廉·詹姆斯发现："人类本性中最深刻的渴求就是赞美。"这是人类与生俱来的本能欲望。所以，能否获得称赞，以及获得称赞的程度，变成了衡量一个人社会价值的标尺。每个人都希望在称赞中实现自己的价值。

对团队中某个人的优良成绩，千万别忘了找机会予以肯定。一方面，当某个人做某件事做得很好时，应该得到赞许；另一方面，赞许是对其行为的进一步肯定，可以激励他朝着正确的方向继续努力。

赞美下属作为一种激励方式，也不是随意说几句恭维话就可以奏效的。事实上，赞扬下属也有一些技巧和要点。

（1）赞扬要及时

下属某项工作做得好，管理者应及时夸奖，如果拖延数周，时过境迁，迟到的表扬已失去了原有的味道，再也不会令人兴奋与激动，夸奖就失去了意义。

（2）赞扬的态度要真诚

赞美下属必须真诚。每个人都珍视真心诚意，它是人际沟通中最重要的尺度。英国专门研究社会关系的卡斯利博士曾说过："大多数人选择朋友都是以对方是否真诚而决定的。"如果你在与下属交往时不是真心诚意，那么要与他建立良好的人际关系是不可能的。所以在赞美下属时，你必须确认你赞美的人的确有此优点，并且要有充分的理由去赞美他。避免空洞、刻板的公式化的夸奖，或不带任何感情的机械性话语，这样会令人产生言不由衷之感。

（3）赞扬的内容要具体

赞扬要依据具体的事实评价，除了用广泛的用语如："你很棒！""你表现得很好！""你不错！"最好要加上具体事例的评价。例如："你的调查报告中关于技术服务人员提升服务品质的建议，是一个能针对解决目前问题的好方法，谢谢你提出对公司这么有用的办法。"，"你处理这次客户投诉的态度非常好，自始至终婉转、诚恳，并针对问题解决，你的做法正是我们期望员工能做的标准典范。"表扬他人最好是就事论事，哪件事做得好，什么地方值得赞扬，说得具体，见微知著，才能引起感情的共鸣。

（4）注意赞扬的场合

在众人面前赞美下属，对被赞美的下属而言，当然受到的鼓励是最大的，这是一个赞美下属的好方式，但是你采用这种方式时要特别的慎重，因为被赞美者的表现若不是能得到大家的认同，其他人难免会有不满的情绪。因此，公开赞美最好是能被大家认同及公正评价的人或事。

（5）赞人不要又奖又罚

作为管理者，一般的夸奖似乎很像工作总结，先表扬，然后是但是、当然一类的转折词。这样的表达方式，很可能使原有的夸奖失去了作用。应当将表扬、批评分开，不要混为一谈。先表扬，事后寻找合适的机会再批评，可能效果最佳。

（6）适当运用间接赞美的技巧

所谓间接赞美就是借第三者的话来赞美对方，这样比直接赞美对方的效果要好。比如你见到你下属的业务员，对他说："前两天我和王总经理谈起你，他很欣赏你接待客户的方法，你对客户的热心与细致值得大家学习。好好努力，别辜负他对你的期望。"无论事实是否真的如此，反正你的业务员是不会去调查是否属实的，但他对你的感激肯定会超乎你的想象。

间接赞美的另一种方式就是在当事人不在场的时候赞美，这种方式有时比当面赞美所起的作用更大。一般来说，背后的赞美都能传达到本人，这除了赞美能起到的激励作用外，更能让被赞美者感到你对他的赞美是诚挚的，因而更能加强赞美的效果。所以，作为一名管理者，你不要吝惜对下属的赞美，尤其是在面对你的领导或者他的同事时，恰如其分地夸奖你的下属，他一旦间接地知道了你的赞美，就会对你心存感激，在感情上关系也会与你更进一步，你们的沟通也就会更加卓有成效。

称赞可以给平凡的生活带来温暖和欢乐，可以给人们的心田带来雨露甘霖，给人带来鼓舞，赋予人们一种积极向上的力量。

赞美下属是一种不需要任何投入的激励方式。团队领导千万不要吝啬自己的语言，真诚地去赞美每个人，这是促使人们正常交往和更加努力工作的最好方法。赞美也是一门艺术，管理者要理解员工的动机和需求，给予员工恰到好处的赞美是企业付酬最低，效率最高的方式之一。

3. 横山法则：触发被管理者的自发管理

要义：最有效并持续不断的控制不是强制，而是触发个人内在的自发控制。

提出者：日本社会学家横山宁夫

最有效并持续不断的控制不是强制，而是触发个人内在的自发控制，自发的才是最有效的，好的管理是触发被管理者的自发管理，管理者要激励员工自发地工作。

有自觉性才有积极性，无自决权便无主动权。在管理的过程中，我们常常过多地强调了"约束"和"压制"，事实上这样的管理往往适得其反。如果人的积极性未能充分调动起来，规矩越多，管理成本越高。聪明的企业家懂得在"尊重"和"激励"上下功夫，了解员工的需要，然后满足他们。只有这样，才能激起员工对企业和工作的认同，激发起他们的自发控制，从而变消极为积极。真正的管理，就是没有管理。

增强员工的自发控制可以大大提高管理的效率，这一点已经得到了国内许多企业的认可和重视。青岛澳柯玛集团在这一点上就做出了不错的成绩。

作为国有特大型企业集团，澳柯玛始终恪守人本管理的原则，成功地建立起了以"善待员工，厚爱企业"为核心的企业文化，大大加快了企业的发展，同时调动了职工爱岗敬业的积极性，有效地促进了员工们的自我管理。

对企业来说，出现劳资纠纷是最平常不过的事情。但在澳柯玛，这种现象从来没有出现过，也从未出现过一次职工上访情况。为此，青岛市授予该公司"信访工作先进单位"的荣誉称号，而这也正是澳柯玛善待员工的一个体现。

澳柯玛公司特别注重通过人性化管理和为职工谋福利来共求发展。这些年来，从为职工解决住房、进行技术培训、开展困难救助到改善工作环境、开通班车，凡是职工在工作、学习、生活中有需求的，公司几乎没有不考虑到并努力去做到的，公司在细微之处体现出的人情味特别让职工感动。据悉，从1995年至今，澳柯玛共拿出了1.7亿元来解决职工住房问题。

澳柯玛集团公司现有职工8000多人，其中农民工大约占到一半以上。公司不仅在合同、保险等方面对农民工和城镇职工一视同仁，还通过考察学习、技术培训和业务培训等，尽快提高农民工的素质和技能，并对有能力的农民工委以重任。目前，集团有相当一部分中层干部就是从农民工中产生的。

市场经济条件下，职工和企业是利益共同体。企业善待员工，员工必然会对企业充满感情。在澳柯玛，职工们工作的积极性特别高，自我管理能力也很强，尤其是提合理化建议的热情特别高。职工王义照等人为降低冰柜生产成本，对展示柜产品进行了结构改造，只这一项一年就可以为公司节约成本280万元；职工赵定勇等人对冰箱进行技术改良，从而给公司创造经济效益80万元。据统计，近三年来，职工提合理化建议共计3200余条，其中被采纳1560条，创造经济效益达6300万元。

"善待员工，厚爱企业"，良性互动让企业与职工的心贴近了，企业发展步伐由此更快了。如今，澳柯玛每年销售收入的增幅都在20%左右，职工人均年工资收入超过1.2万元，远高于当地平均水平。

美国微软公司同样是横山法则的践行者。

微软公司的企业文化强调充分发挥人的主动性，让员工有很强的责任感，同时给他们做事的权力与自由。简单地说，微软的工作方式是"给你一个抽象的任务，要你具体地完成"。对于这一点，微软中国研发中心的桌面应用部经理毛永刚深有体会。毛永刚说，1997年他刚被招进微软中国研究开发中心时负责做Word。当时他只有一个大概的资料，没有人告诉他该怎么做，该用什么工具。他和美国总部交流沟通，得到的答复是一切都要靠自己去做，就如要测试一件产品，却没有硬性规定测试的程序和步骤，完全要根据自己对产品的理解，考虑产品的设计和用户的使用习惯等，发现许多新的问题。这样，员工就能发挥最大的主动性，设计出客户最满意的产品。

促进员工自我管理的方法，就是处处从员工利益出发，为他们解决实际问题，给他们提供发展自己的机会，给他们以尊重，营造愉快的工作氛围。做到了这些，员工自然就和公司融为一体了，也就达到了员工的自我控制。

4. 乌兹纳泽定律：有需求才有动力

要义：没有需要，就根本谈不上积极性。

提出者：苏联社会心理学家M·乌兹纳泽

凡人都有欲求，企业员工也不例外。

只有洞察下属的所有欲求，才能懂得如何激发他们的工作热情。这是企业领导赢得下属尊重、激发下属活力的方法。

当你明白了下属做事是因为他们有获得某些基本需求的愿望之后，你就容易理解他们的行为了。一个人所做的一切，其目的都是指向获得那些基本需求和愿望的。有些需求和愿望是满足身体的需要，而有些需求和愿望是需要终生学习才能获得的。

（1）身体的需求

身体需求，即衣食住行等方面的物质需求。满足一个人的身体需求可能成为促使这个人采取某种行动的特殊目的。基本的身体需求都是那些关系生存和生活的，诸如：食品、饮料、衣服、住房的满足以及满足高质量生活的需要。企业领导应当关心下属的生活需求，尽可能给他们解决物质待遇，例如：住房是否合适；身体是否健康等，这些细节处处体现出领导对下属生活问题的关心，极易打动人心。从下属的实际欲求方面为其排忧解难，能调动他们的工作热情，使他们爆发出更大的工作能量。

（2）心理的需求

心理的需求是一个人在生活中从被评价、被对待的感觉和观察中学来的需求。心理需求，诸如对安全的需求、被称赞的愿望，以及被社会承认的愿望都可能比某些身体需求更为强烈。

用心理需求或者愿望作为目标去激发员工，这往往要比用身体需求去激发对方更有效，你也很容易从对方身上得到你所需要的东西。每一个正常人基本都有如下的需求或者愿望：

（1）对其成就的承认，对工作价值的认可

（2）自我满足感

（3）有优胜的愿望，有名列第一的愿望，有出人头地的愿望。

（4）实现财务自由

（5）得到社会及同行认可

（6）个人权利获得保障

（7）身体健康，没有任何疾病

（8）有创造性表现的机会

（9）做出成绩

（10）获得经验

（11）有自尊、自爱、自负感

（12）有安全感

许多领导都明白，根据下属的欲求可以调动其主观能动性。如果一名企业领导能够最大限度地把下属的欲求转变为其工作动力，那么这个企业领导就是一位用人大师。因此只有当你洞察了下属的欲求之后，才能真正地了解你的下属，才能达到善用人力的效果。作为企业领导，不可草率为之。

例如，同样的薪酬系统，在不同的企业文化中配合不同的语言艺术、环境艺术、差异化艺术等，使薪酬支付的艺术像一只"看不见的手"，指挥着你的员工唱出和谐的团队之歌。

员工对愿意接受的薪酬方案、激励体系和公平感都是非常主观的，薪酬与感知及价值观联系紧密，很多的冲突也由此产生。正是在协调、平衡这种冲突的过程中产生了无数种薪酬支付方案，正如世上没有包治百病的灵丹妙药一样，薪酬支付永远也没有标准答案。

"每一位成功的男人背后都站着一位伟大的女人。"日本麦当劳汉堡店总裁藤田就懂得如何帮助员工塑造他们背后的"伟大的女人"，从而使自己的员工成为成功的男人。每一位员工的太太过生日时，一定会收到总裁藤田让礼仪小姐从花店送去的鲜花。事实上，这束鲜花的价钱并不昂贵，然而太太们心里却很高兴，"连我先生都忘了我的生日，想不到董事长却惦记着送鲜花给我。"总裁藤田经常都会收到类似的感谢函及电话。

日本的麦当劳除了6月底和年底发放奖金外，每年4月，再加发一次奖金。这个月的奖金并不交给员工，而是发给员工们的太太。先生们不能经手。员工们把这奖金戏称为"太座奖金"。

除此之外，日本麦当劳汉堡店每年都在大饭店举行一次联欢会，所有已婚从业人员必须带着"另一半"出席。席间，除了表彰优秀的员工外，总裁藤田还郑重其事地对太太们说：

"各位太太们，你们的先生为公司做了很大的贡献，我已经做了各方面的奖励。但有一件事我还要各位太太们帮忙，那就是好好照顾先生的健康。我希望把你们的先生培养成为一流的人才，帮助他们实现人生的梦想，也包括你们家庭的和睦，可是我无法更多地、更细致地兼顾他们的健康，因此我把照顾先生们身体健康的重任交给了你们。"

听了这番话，哪一位太太内心不存感激呢？而这种感激对一个家庭又意味着什么呢？显然，儒家文化中"家"的概念，在薪酬支付中发挥了激励员工、凝聚员工的作用。

领导通过对员工欲求的洞察，适时满足员工需求，使彼此之间相互理解信任，从而使二者紧密相连，团结一致，促进企业持续发展。

5. 亚佛斯德原则：激起和引导员工的需求

要义：你若能在他人心中激起一种急切的需求,并能引导这种需求，你便能无往不利。

提出者：德国人类学家W·S·亚佛斯德

孔子说："放于利而行，多怨。"这句话言简意赅，质朴而深刻，发人深省，说出了人生行事的常理、常道。虽然孔子并没有彻底否定"利"，但却道出了过分强调"利"的坏处。

虽然物质激励是现代管理的基本手段，但有一些企业在对员工进行激励时，过分相信"重赏之下必有勇夫"的定律，一味施行物质刺激员工的工作热情，提高工作效率。长此以往，员工不仅没有了高涨的激情，反而埋怨企业不够人性化，把人当机器使用。

过度的物质奖励是一种没有激励性的、拙劣的激励方式。如果职员得到了现金红利的奖励，他们可能会过分依赖金钱，想方设法降低工作质量来提高数量，表面看起来效率提高了，可是质量问题却多了，还会使工作形成误区，不管管理者让做什么事，都要先讲好价钱，没有钱就不干活。

管理者在进行物质激励时，一定要谨慎行事，不可因一时兴奋就随口承诺，把金钱完全当作激励工具。物质激励能起到一时的作用，但对那些没有关联的人效果往往会相反。在团队中形成一切向钱看的不良氛围，降低团队的凝聚力。

虽说"君子喻于义，小人喻于利"，但不能否认，"利"是我们赖以生存的基础，运用物质手段使受激励者得到物质上的满足，进一步调动其积极性、主动性和创造性。物质激励的动机是使其努力工作，出发点是关心员工的切身利益。如果缺乏物质激励这种手段，激励就会成无本之木，成为空谈。

奥比洛生活在印度西姆拉山城，青年时期在一家旅馆打工。后来旅馆管理者收购了一家名叫卡尔顿的中级商场，但因经营不善，无力再经营下去，只好将其卖出。这时，奥比洛以百倍的信心、周密的计划说服了家人，说服了亲朋好友，终于凑钱买下了这家商场，这是奥比洛平生第一次登上了经理的宝座，并由此开始了他的事业。

但此时这家中型商场的状况很不景气，给奥比洛出了道极大的难题。奥比洛抱着"从清水的舞台上跳下去"的决心，决定扩大商场的营业规模。他多方借贷，筹集了足够的资金把商场由400平方米的面积扩大到了3000平方米。这时，他又遇到了缺乏优秀的管理人才的问题。于是，他又花了半年的时间，把另外一家大商场的部门经理挖了过来，并破格任命他为商场的业务经理，此人还从原大商场带来了10个人。对这些人，奥比洛不仅都委以重任，而且都支付给他们高于原商场的工资，使这个商场的工资提到了大商场的工资水平。这一系列决定的做出，对于正缺乏资金的奥比洛来说无疑是雪上加霜，这甚至使他常常夜不能眠。但是，后来的事实证明，奥比洛的决定是对的，在经过了一年多的发展之后，商场开始大幅度地盈利，很快便收回了全部的投资。

团队运营当中，诱导和刺激员工使其产生工作积极性有很多种方式，其中最直接也是最基本的要素是利用物质薪酬进行激励。员工工作的直接动因是想获得工资收入，以维持其生活保障和提高生活品质。

几年前，迪娜创立了友谊卡片公司，她打算利用自己的商品设计专长来制造和销售贺卡。当然，她还希望开创更加美好的未来。时至今日，迪娜的公司只有12名员工，但年利润已超过了10万美元。

迪娜决定让她的员工分享公司的成功。她宣布在即将到来的6、7、8三个月里，将星期五也定为公司休息日。这样，所有员工将有三天的周末时间，但他们仍得到与五天工作制一样的薪水。

令迪娜没有想到的是，在实施三天周末制一个月后，一位迪娜最信赖的员工向她坦白，他宁愿得到加薪而不是额外的休息时间，而且，他还说其他员工也有同样的想法。

对于一个创业初期的企业，"先增加利润还是先增加工资"就像是"先有蛋还是先有鸡"一样难办。但对于想成就事业的现代管理者而言，这个答案是肯定的：一定要"先提高工资"。虽然做出这种决定后，公司暂时是很困难的，但是只要勇于克服，道路将最终变得通畅。

提高了工资以后，就会使管理者抱着背水一战的决心，不达目的决不罢休，而获得高工资的下属也会因为福利的改善而更加努力工作。要把企业每一个员工个人的切身利益与企业的发展和效益紧密挂钩，包括企业的管理者也要一视同仁，万万不能搞"穷庙富方丈"更不能搞"众僧皆贫方丈富"。要记住，钱不是万能的，但没有钱是万万不能的。把钱作为唯一的激励手段是不明智的，但否认金钱的作用肯定是愚蠢的。

钱是工作动机的重要诱因。作为交换的中介，它是员工购买生活必需品的手段。金钱还有计分卡的作用，通过它，员工可以评估组织对自身价值的看法，还可以把自身价值与别人进行比较。

由此可见，金钱在所有因素当中所占的权重最高。团队领导要想留住员工，一定尽量设计具有竞争力的薪酬制度。没有竞争力的薪酬制度很容易受到员工的"关注"，并可能导致员工流失。

然而，较高工资水平并不必然产生员工的高忠诚度或低员工流失率。一旦平均薪酬水平得以满足，其他因素就会突显出来。在这种情况下，管理者应该考虑以其他形式来满足员工的需要。

在员工的心目中，薪酬不仅仅是一定数目的钞票，它还代表了身份、地位、个人能力的高低和成就的大小。合理而有效的薪酬制度不但能有效地激发员工的积极性与主动性，促进员工努力实现组织的目标，提高组织的效益，而且能在竞争日益激烈的人才市场上吸引和保留住一支素质良好的员工队伍。相反，不合理的薪酬制度则是一种负激励因素，它会引发各种各样的组织矛盾，降低员工的积极性。因此，管理者必须对薪酬问题予以格外关注。

因此，管理者在激励时既不能没有物质激励这种手段，又不能将物质激励极端化，物质激励不到位以及过度用物质激励都是无效的激励。物质激励应与相应制度结合起来，制度是目标实现的保障，企业要充分重视薪酬制度的合理性，以充分发挥薪酬制度对员工的激励作用。工作是经济行为，员工是"经济人"，根据员工表现和公司财务情况，进行适合的物质奖励，是最明智的管理方式。

6. 蓝柏格定理：适当地给予压力

要义：要"为员工制造必要的危机感"，没有压力便没有动力。
压力只有在能承受它的人那里才会化为动力。
提出者：美国银行家路易斯·B·蓝柏格

孙子说："投之亡地然后存，陷之死地然后生。夫众陷于害，然后能为胜败。"意思是说，把士卒投入危地，才能转危为安；陷士卒于死地，才能转死为生。军队陷入危境，然后才能夺取胜利。这一思想主要体现了孙子"以患为利"的用兵策略。

战争史上著名的项羽破釜沉舟、韩信背水列阵，都是利用"陷于死地而后生"这一兵法原则，来唤起士兵与敌人拼命的勇气。换言之，如果企业时刻置身于危险境地，反而会获得生的机会。

美国的波音公司就利用过"以患为利"的激励策略。20世纪90年代初，波音公司面临巨大的危机，产量大幅下降，经营绩效滑坡。为了走出低谷，波音公司的领导层决定"以毒攻毒"，在危机面前，自曝惨状，以刺激员工，激发他们的干劲，达到复兴波音的目的。

为此，波音公司自己摄制了一部虚拟的电视新闻片：在一个天色灰暗的日子，众多的工人们垂头丧气地拖着沉重的脚步，鱼贯而出，离开了工作多年的飞机制造厂。厂房上面还挂着一块"厂房出售"的牌子。这时扩音器中传来："今天是波音时代的终结，波音公司关闭了最后的一个车间……"的声音。并将这则新闻片在公司里反复播放。

这则企业倒闭的电视新闻很快就发挥了它的作用，员工们深刻地意识到市场竞争残酷无情，市场经济的大潮随时都会吞噬掉企业，只有不断进取、创新拼搏，才能使企业在经济大潮中乘风破浪，在竞争中立于不败之地。否则，虚幻的模拟倒闭就会成为无法避免的事实。

正如波音公司的总裁菲利普·康迪特所说："我们的根本目的是要确保10年后还能在电话簿上查到本公司"。波音公司很快就尝到了这一行动的甜头，员工们因周围充满危机而努力工作，节约公司每一分钱，充分利用每一分钟……员工的努力让波音公司的飞机制造变得迅速，从而提高了效益。

以危机意识来激励员工，就是危机激励。危机激励的核心思想是，企业领导要不断地向员工灌输危机观念，让他们明白企业生存环境的艰难，以及由此可能对他们的工作、生活带来的不利影响。这样就能激励他们自动自发地努力工作。

大凡明智的管理者均会不断强化危机意识，觉察到存在制约企业发展的危机，主动激发奋进，做到防患于未然。

本田公司在一个时期曾陷入发展困境，公司的总裁本田宗一郎认为，如果将一个公司的员工进行分类，大致可以分为三种：不可缺少的人才，以公司为家的勤劳人才，终日东游西荡、拖企业后腿的蠢材。显然本田公司最缺乏前两种人才。

但本田也知道，若将终日东游西荡的人员完全淘汰，一方面会受到工会方面的压力；另一方面，企业也将蒙受损失。这些人其实也能完成工作，只是与公司的要求与发展相距远一些，如果全部淘汰，显然是行不通的。经过再三的考虑，本田找来了自己的得力助手、副总裁宫泽，并谈了自己的想法，请宫泽出主意。宫泽告诉他，企业的活力根本上取决于企业全体员工的进取心和敬业精神，取决于全体员工的活力，特别是企业各级管理人员的活力。公司必须想办法使各级管理人员充满活力，即让他们有敬业精神和进取心。本田询问有何良策，宫泽给本田讲了一个挪威人捕沙丁鱼的故事，引起了本田极大的兴趣。

挪威渔民出海捕沙丁鱼，如果抵港时鱼仍活着，卖价要比死鱼高出许多倍。因此，渔民们想方设法返港时让鱼活着，但种种努力都失败了。只有一艘渔船却总能带着活鱼回到港内，其原因一直未明。直到这艘船的船长死后，人们才揭开了这个谜。原来这艘船捕了沙丁鱼，在返港之前，每次都要在鱼槽里放一条鲶鱼。放鲶鱼有什么用呢？原来鲶鱼进入鱼槽后由于环境陌生，自然向四处游动，到处挑起摩擦，而大量沙丁鱼发现多了一个"异己分子"，自然也会紧张起来，加速游动。这样一来，这些鱼就一条条活蹦乱跳地回到了渔港。

本田听完了宫泽讲的故事，豁然开朗，连声称赞这是个好办法。宫泽最后补充说："其实人也一样，一个公司如果人员长期固定不变，就会缺乏新鲜感和活力，容易养成惰性，缺乏竞争力。只有施以外部压力，保持竞争的气氛，员工才会有紧迫感，才能激发其进取心，企业才有活力。"本田深表赞同，他决定去找一些外来的"鲶鱼"加入公司的员工队伍，制造一种紧张气氛，发挥"鲶鱼效应"。

说到做到，本田马上着手进行人事方面的改革，特别是销售部经理的观念离公司的销售理念相距太远，而且他的守旧思想已经严重影响了他的下属。必须找一条"鲶鱼"来，尽早打破销售部只会维持现状的沉闷气氛，否则公司的发展将会受到严重影响。经周密的计划和努力，本田终于把松和公司销售部副经理，年仅35岁的武太郎挖了过来。

武太郎接任本田公司销售部经理后，首先制定了本田公司的营销法则，对原有市场进行分类研究，制定了开拓新市场的详细计划和明确的奖惩办法，并把销售部的组织结构进行了调整，使其符合现代市场的要求，上任一段时间之后，武太郎凭着自己丰富的市场营销经验和过人的学识，以及惊人的毅力和工作热情，得到了销售部全体员工的好评。员工的工作热情被极大地调动起来，活力大为增强，公司的销售出现了转机，月销售额直线上升，公司在欧美及亚洲市场的知名度不断提高。

本田对武太郎上任以来的工作非常满意，这不仅在于他的工作表现，销售部作为企业的龙头部门带动了其他部门员工的工作热情和活力。本田深为自己能有效地利用"鲶鱼效应"提升了公司的销售额而得意。

从此，本田公司每年都要从外部"中途聘用"一些精干利索、思维敏捷的30岁左右的主力军，有时甚至聘请常务董事一级的"大鲶鱼"，这样一来，公司上下的"沙丁鱼"都有了触电似的感觉。

倘若团队成员没有危机意识，安于现状，那这样的团队自然是不会进步的。有的团队，它们的成员是非常优秀的，可是由于安于现状，或者是因为机构的体制，使得他们不大乐意努力工作，正印证了那句老话"不进则退"。

任何事情往往在没有达到成功的顶峰时就危机四伏了。如果没有危机感和风险意识，久而久之，一种自满情绪将弥漫在公司内部，在奋斗、挣扎时的那种紧迫感逐渐消退后，许多人会认为自己应该有享受成功的权利，企业便失去了初创时的活力。由于抵挡不住竞争中的横逆，失去活力，企业离失败就不远了。

心理学研究表明：人在险恶之际，既会不遗余力奋斗发挥潜能，爆发出异乎寻常的勇气，又会自动放弃平素的偏见与隔阂，团结一致共渡难关。一些有远见的管理者会有意识地利用这种负激励效应，适时制造些紧张空气，让员工时刻有种危机感。日本松下公司总经理山下俊彦非常注重在公司营造危机感和饥饿感，他认为企业越大，衰落危险就越大，他常用一些企业失败的教训提醒全体员工，使员工在"大好形势"下，也保持一种危机感与警觉，因此，他们始终追求新目标，而不是"知足常乐"，以使企业保持长盛不衰!

孟子有句名言："生于忧患，死于安乐。"可见忧患意识关系到人的生死存亡。对于企业来说，时刻保持警惕，才是企业生存与发展的前提。企业管理者只有比别人先察觉到潜在的危机，才能使企业健康发展，立于不败之地。

《论语》中说"人无远虑，必有近忧"，面对变化无常的残酷的市场环境，企业更应该有危机意识。一方面，随着社会的进步，新的科学技术不断涌现，给企业带来新的危机；另一方面，新的市场竞争对手和新的竞争手段不断出现，任何停留在原有水平上的企业，总会被市场淘汰，这是由客观规律决定的。

第二次世界大战后的日本之所以迅速发展壮大起来，与全民的忧患意识分不开。

日本在战败后的50多年里，一直大力宣传"危机意识"，可谓是年年讲，月月讲，天天讲。20世纪40年代后期日本提出"民族虚脱危机"，60年代提出"原料市场危机"，70年代提出"资源危机"，80年代提出"贸易危机"……所有这些"危机"的宣传，都是在警醒日本人应不断奋进，不能停步不前。

翻开现在地理课本对日本的描述，仍然是，国土面积狭小，人口稠密，境内多山地、多火山地震，资源匮乏，对国外的依赖性严重。第二次世界大战战败后，日本的经济也曾一度陷入崩溃边缘，可经过短暂的几年时间，却一跃成为世界经济强国，令世界为之震惊。

日本成功的奥秘就是不断强化国民的危机意识，时时处处做到居安思危、未雨绸缪。忧患最能发现危机，它能促使人变得不安和勤奋，从而对自己进行不断的否定和修正。

在企业运营的过程中，面对众多的风险，有的企业成功地化险为夷，有的企业却遭到失败，甚至以破产而告终。其中的差别就在于在面对风险时如何更有效地调动员工的积极主动性。

危机激励能够使大家产生担当意识，与公司共存亡、一致对外、努力拼搏。当所有员工的个人目标和企业目标紧密相连的时候，当所有员工都把企业目标变成自己的奋斗目标之后，企业就会有取之不尽、用之不竭的能量，克服困难、迎难而上也就不是什么难题了。

7. 杜利奥定理：唤起员工的热忱

要义：没有什么比失去热忱更使人觉得垂垂老矣，精神状态不佳，一切都将处于不佳状态。

提出者：美国自然科学家、作家杜利奥

人们说，打仗靠士气，所谓"一鼓作气，再而衰，三而竭"。没有旺盛的士气，是不能打胜仗的；如果士气萎靡不振，打起仗来更是必败无疑。然而，所谓士气，说白了，就是一种情绪、情感的表现，是人们在不同环境下的复杂心理活动的反映。

激情是可再生资源，可以培育；激情生生不息，可以互相感染。激情是一种对团队有益的"传染病"。一套好的激励制度，一个善于激励的上司，一个充满激情的同事，都能让一个团队激情弥漫、充满活力。

一个充满激情的人是我们可以依靠的力量和榜样。在激情的相互感染下，消极的人可以发现自身的不足，迷惘的人可以重新找到方向。

激情的传递、感染、再激发，可以消除一个团队中不和谐的声音和行为，可以融化和整合团队的各种资源和潜力，激励强者，提携弱者，让团队不断迸发出活力和力量。

管理者和普通员工最大的差别就在于，一个真正的管理者不仅知道自己的责任，更能用自己的热情激发出员工身上最大的能量。在这个过程中，他的行为理念会成为效仿的榜样，从他的身上员工能看到美好的愿景，并且共同分享成功的喜悦。从这个意义上说，分众传媒控股有限公司的董事长江南春注定会成为一个优秀的管理者。

不熟悉江南春的人都说他是个儒雅的管理者，熟悉他的人说他是一个拥有天才般思维的管理者，是一个充满激情的管理者。

大学时候，江南春的诗情和才华使他成了校园内的风云人物。据说当时他特别喜欢在公众场合露面，无论到什么地方，他都会成为现场最引人注目的明星。

当时的校友这样评价江南春：他思路清晰、逻辑严密，回答问题针对性强、充满趣味、极富感染力。这刚好与分众传媒几位高层对江的评价不谋而合。

在分众传媒的管理团队中，几乎所有人都是被他的激情打动而加入这个团队之中的。其中包括首席营销官陈从容、副总裁嵇海容以及首席战略官陈岩。公司营运副总裁张家维更是视江南春为自己的偶像："他是一个很强势的人，在他眼中没有失败，当他首次和我谈到大卖场这一新项目时，就详细解答了我的所有疑问。因为在很早的时候，这一项目就有人尝试过，但是都没有成功。但江南春说正因为没有人成功，我们的成功才是最大的价值。他对成功的理解感染了我，于是我放弃了即将到手的期权，加盟分众。江南春在很多方面有独到之处，如吸引人才，许多企业的手段是工资，这必将增加成本，而他不是，他是用精神感染大家，给我们描绘一个远景，让我们觉得目前的努力是有未来远菁的。"

尽管早年痴迷文学的他最终没能成为一个"把天下人的苦难视为自己苦难"的诗人，但是擅长感性思维的他对于事物那种近乎偏执的激情却并没有被泯灭，反而能够最大限度地感染周围的人，这其中也包括自己的竞争对手。

"我们要爱我们的敌人，敌人也就消失了"，这是江南春喜欢的一句话，出自圣雄甘地之口。

在分众传媒和聚众传媒为了地盘争得头破血流时，聚众传媒的总裁虞锋曾经有这样的疑虑：为什么要杀敌一万，自残九千呢？难道一定要在红旗插到对方领土再回头发现身边已无人吗？正是看准了这点，江南春在与虞锋见了两次面之后，就让一个潜在的敌人"消灭"了。在这个过程中，外界很难判断究竟是谁感染了谁，但有一点是可以肯定的——对于双方来说，只有合作才是最好的解决方式。

伴随着宣传的媒体日趋多元化的发展趋势，分众传媒仍然会面临其他相关媒体广告业务方面的竞争。但是在合并了聚众传媒之后，江南春已基本实现了行业垄断。（摘自《当代经理人》2007年01期）

成功的创业者一定具备领袖气质，江南春将"领袖"定义为持续的激情。"即便是在很多人表示怀疑时，仍然要保持激情与信心。"他正是用这种持续的激情推动着分众传媒走向更辉煌的未来。

对于团队的管理者来说，只有对自己所从事的工作充满激情，才会全身心地投入，才会激励团队不断前进。团队的管理者要成为一个优秀的"号手"，能吹起团队前行路上响亮的"冲锋号"，激起团队工作的激情与热情，果真如此，那就是管理者工作的最大成功。那么，团队管理者如何才能当一个优秀的号手，激起团队的激情呢？

（1）自身激情要足

正所谓用心灵感化心灵，用激情点燃激情。激情是可以传染的，那么管理者自身的激情显得非常重要，管理者要成为团队激情的"感染源"。很多人喜欢看电视剧《亮剑》，剧中的团长李云龙和政委赵刚有这么一段对话。赵刚："我明白了，一支部队也是有气质和性格的，而这种气质和性格是和首任的军事主管有关。他的性格强悍，这支部队就强悍，就嗷嗷叫，部队就有了灵魂，从此，无论这支部队换了多少茬人，它的灵魂仍在。"

李云龙："兵熊熊一个，将熊熊一窝。只要我在，独立团就嗷嗷叫，遇到敌人就敢拼命……"

部队这样，企业也是如此，员工的工作激情与企业领导有关，管理者自身如果没有激情，出现的情况很有可能就是其中的"将熊熊一窝"。领导有激情，员工才会"嗷嗷叫"，这就需要管理者自身要充满工作的激情。

（2）自身底气要足

管理者要成功地激起员工的工作激情，自身底气必须要足。管理者的底气是什么呢？其实最根本的就是管理者自身的形象及在员工中的良好声誉。管理者在团队中的可信度越高，工作的底气就越足，激励的效果就越好。管理者是团队的领头雁、排头兵，他的思想觉悟、习惯作风、个人涵养在团队建设中都起着至关重要的作用，管理者的形象不容忽视，这就需要领导时时处处注意自身的形象建设，要对自己常用"整容镜"，整出自己实事求是的工作作风、脚踏实地的工作态度、令人信服的人格人品，整出自己领头雁、排头兵的风姿风采，使自己拥有在团队中激励的魅力和资本，增强自己的号召力。

（3）弓着身子"吹号"

作为一个团队的管理者，在日常的管理中需要发号施令。不会发号施令的领导肯定当不成好领导。但是，领导的权威不光是建立在他的行政职务上，还在于他的综合影响力。因此，在注重制度管理的同时，也要注意亲情管理，注意"精神关怀"。领导与员工在职务上虽有区别，但在人格上是平等的。只有领导弓着身子"吹号"，才更容易传到员工的心坎里，激起员工的工作热情。

员工有没有激情，能不能让员工拿出激情，是衡量一个团队管理者的关键。激情是企业的活力之源。无论是彼得·德鲁克、汤姆·彼得斯，还是松下幸之助、比尔·盖茨，他们都是激情的倡导者、实践者。

没有激情，团队将是死水一潭。团队中的员工，就是死水里的鱼，那种缺氧的窒息让人绝望。所以，请拿出你的激情！

8. 麦克莱兰定律：树立员工的主人翁意识

要义：权力激励的目的，是使人感到有权力。

提出者：美国管理学家D·麦克莱兰

所谓"主人翁"是说明主体对客体的关系。当主体对客体由于具有所有使用、经营管理等关系，因而主体能以自己的意志去影响、支配客体的活动时，主体就是客体的主人或称主体在主客关系中处于主人翁地位，对企业来说，员工的主人翁地位就体现为员工对企业的所有、使用和经营管理关系及权利，以其意志能够影响和支配企业的各种活动。当劳动者的主人翁地位在企业得到切实的保障，他们的劳动又与自身的物质利益紧密联系的时候，劳动者的积极性、创造性和聪明才智就能充分发挥出来，员工的精神面貌就会焕然一新，企业也就充满了勃勃生机。

1989年11月，5000名员工在拉塞尔·梅尔的领导下，每人集资4000美元，共计2.8亿美元，买下了LTV钢材公司的条钢部，在这2.8亿美元中，2.6亿是借来的。他们把这个部门命名为联合经营钢材公司。

梅尔给这个新成立的公司所上的第一课是关于LTV钢材公司在最近几个月中所遭受的挫折，他想使他的公司能够应付钢材市场即将出现的最疲软局面。

在联合经营钢材公司，梅尔一改以往的工作方法，恪尽职守地行使领导职权。他总是讲实话，把所有情况公开，与员工同甘共苦，并且总是让员工看到希望。他深信，这是激励员工、充分调动员工积极性的最佳方法。

梅尔知道，为使员工充分施展才能，必须让他们懂得怎样以雇员又是主人的姿态自主地、认真负责地做好工作。为实现这一愿望，他认为最好的方法是把所有信息、方法和权力都交到那些最接近工作、最接近客户的员工手中。他深信，如果他能够使所有员工都感觉到他们对公司的经营情况担负着责任，那么，公司的一切，无论是员工信心还是产品质量都会得到提高。他说："如果钢材是由公司的主人生产的，其质量肯定会更好，这是毫无疑问的。我们的目标是创建一个能够充分满足客户要求、为客户提供具有世界一流质量的产品和服务的公司。只有实现了这些目标，我们这些既是公司的员工又是公司的主人的人才能保住稳定的工作，才能使我们公司的地位得到提高。"

梅尔清楚，要实现这一目标，公司必须开创一个员工充分参与合作的新时期。只有这样，公司才能在钢材行业处于激烈的国际竞争、特殊钢厂不断涌现、获得高额利润的产品不复存在的环境下生存下去。要想获得成功，梅尔说，"我们必须采用一套新的管理机制，来为所有员工创造为公司的兴旺发达贡献全部聪明才智的机会。"

联合经营钢材公司理事会的人员结构体现了梅尔的观点：其中4位理事是由工会指派的，3位来自管理部门，包括梅尔本人和另一名拿薪水的员工。

　　然而，让员工明白他们应怎样为公司的兴衰成败承担起责任并非一帆风顺。把钱留下，买些股票，雇员就成了股东，但他们对这样做到底意味着什么却一无所知。更有甚者，很多员工都表示他们愿意负更多的责任，愿意进一步参与公司的事务，但是他们就是不承担他们各自的义务。对他们来说，什么是有独立行为能力的成人，什么是依赖别人的孩子都搞不清楚。

　　我们很多人天生就有一种希望得到别人的关心照料的欲望，希望有人保护，使我们免受那种社会残酷竞争的侵扰。作为对这种保护的回报，我们心甘情愿地听命于别人、依赖别人、忠实于别人，心甘情愿地放弃支配权。所以，即使员工表示打算负更多的责任，愿意参与决定公司前途命运的决策工作，他们也往往不愿自始至终地履行自己的诺言，因为他们既害怕失败，又担心自己的能力，所以他们就会踟蹰不前。梅尔明白这种心理。

　　"我们大家都是环境的产物，"梅尔说，"假如你在一种环境中工作了30年，在这种环境中，所有的事都是以一种单一的方式做的，可突然某个人来了，并对你说，这里的一切都需改变。这时，你也会困惑。你可能会说出这样的话：'虽然我是主人，你却想让我一周来这里工作40个小时？你的意思是说我还得干同样的工作，拿同样的工资？那么我当主人又有什么意义呢？我见过的主人没事就到酒馆去喝啤酒，想走就走。'"

　　所以，梅尔还必须设法让员工明白当主人应做些什么，使他们的思维轨道从"好了，那是他们的问题"转换到"我即是公司，所以，这事最好由我来处理"的轨道上来。

联合经营公司的工作人员现在有双重身份，一种身份是雇员，另一种身份是公司的主人。虽然这两种身份不同，但每一种身份都会对另一种起促进作用。

树立员工的主人翁思想，必须在精神上和经济上共同下功夫。精神上的归属意识产生于全身心地参与。当员工认识到他们的努力能够发挥作用，认识到他们是全局工作中必不可少的环节时，他们就会更加投入。要使他们全身心地参与，还必须让他们在经济上与企业共担风险，共享利润。

员工的归属感首先来自待遇，具体体现在员工的工资和福利上。衣食住行是人生存最基本的需求，买房、买车、购置日常物品、休闲等都需要金钱，这都依靠员工在公司取得的工资和福利来实现。在收入上让每个员工都满意是一项比较艰难的事情，但是待遇要能满足员工最基本的生活需求才能在最基本的层面上留住人才。因此，待遇在人才管理中只是一个保证因素，而不是人才留与走的激励因素。

一部分人在从事工作的同时，他们不单单是为了自己的工资待遇，他们更注重自己在企业中的位置与个人价值体现，以及自己未来价值的提升和发展。个人价值包括技术能力、管理能力、业务能力、基本素质、交涉能力等，领导者提供机会帮助员工增强以上能力，是企业增强魅力、吸引人才的重要手段。

增强员工归属感还需要特别注重每个员工的兴趣。兴趣是最好的老师，有兴趣才能自觉自愿地去学习，这样才能做好自己想做的事情。作为领导者应该尽可能考虑员工的兴趣和特长所在。擅长搞管理的，尽可能去挖掘、培养他的管理能力，并适当提供管理机会；喜欢钻研技术的，不要让其去做管理工作。

增强员工的归属感，平等是非常重要的，要建立合理的规章制度，无论是什么人，领导的"红人"也好，普通员工也罢，都要严格按照规章办事，做到"王子犯法与庶民同罪"。这样员工就会在心理上感受到待遇的平等。

适当的压力有利企业的发展。企业应给予员工合理的压力和动力，没有压力和动力的企业必然没有创新和发展；但压力太大，员工肯定很难承受。同样，企业不给员工加油，员工肯定不会有动力，企业也就谈不上进步。

管理者具有良好的亲和力，建立良好的工作氛围。一个钩心斗角、利欲熏心的企业，说员工有很强的归属感，恐怕也是假话。

当然，还有很多因素制约员工的归属感，但是，如果连以上几点都做不到，其他方面也是空话了。如果想创造一个良好的团队，就要让员工把公司当家一样去看待，让他们觉得他们是公司的一分子，他们不是老板的奴隶，老板不是一个独裁者，老板会采纳大家意见，让大家觉得他们也是公司决策的一分子，公司的每一个成就都有他们的一份汗水。让他们感觉你是真正关心他们的需要。任何人都希望让别人喜欢他，让别人认可他，让别人信服他，让别人觉得他重要。

9. 洛克定律：有目标才有动力

要义：当目标既是指向未来的，又是富有挑战性的时候，它便是最有效的。有专一目标，才有专注行动。

提出者：埃得温·A·洛克

日本松下电器的创始人松下幸之助曾经讲到，中层经理一旦进入松下，就会被告知松下未来20年的远景是什么。首先告诉他松下是一个有远景的企业；其次，给这些人以信心；最后，使他们能够根据整个企业未来的发展，制订自己的生涯规划，使个人生涯规划立足于企业的发展愿景。

在松下公司刚刚创立不久，松下幸之助就为所有的员工描述了公司的愿景，一个250年的愿景，内容是这样的：

把250年分成10个时间段，第一个时间段就是25年，再分成3个时期：

第一期的10年是致力于建设；

第二期的10年是"活动时代"——继续建设，并努力活动；

第三期的5年是"贡献时代"——一边继续活动，一边用这些建设的设施和活动成果为社会做贡献。

第一时间段以后的25年，是下一代继续努力的时代，同样的建设、活动和贡献。从此一代一代相传下去，直到第十个时间段，也就是250年之后，世间将不再是贫穷的土地，而变成一片"繁荣富庶的乐土"。

就正因为这一愿景，激发了所有人的激情和斗志，让所有人都誓死跟随他。

见过天上在飞的大雁吗？一群大雁在飞行的时候通常都是排成"人"字形或者"一"字形的，你有没有想过，这群大雁里面谁是领导呢？有人说是领头的那只。假设某天有个猎人将领头的大雁射了下来，你觉得大雁接下去会采取什么样的行动呢？是继续飞行还是一团乱麻？实际上，大雁们在失去领头雁的那一瞬间会出现混乱，但是它们会在非常短的时间内重新产生领头雁并且很快地恢复阵形继续飞行。有人就在思考，为什么大雁可以如此从容地面对这么大的一件事故？其实原因就在于它们有一个共同的愿望，也就是我们所说的共同愿景。它们向往的那个非常舒适，能够给它们带来食物和美好环境的南方，就是它们飞行的目的地。其实，在飞行过程中，不存在什么领导，它们愿意自发自觉地组成队列努力飞行，就是因为在它们心中都向往着那个美好的未来。

同样的，什么才可以让员工们自发自觉的努力工作呢？答案也是愿景，他们所向往的美好未来。在这样一个美好未来的指引下，即使闪电击破长空，即使风雨交加，即使面对猎人的追杀，它们也愿意拼搏下去，只因为它们心中那一片极致美丽的愿景。

日本制纸集团深入了解世界经济的动向，认为世界经济在冷战结束后的15年中迅速发展，与此同时，随着贸易限制的放宽，无国境的物流以及信息流通的加快等，大大促进了市场的发展。在此期间，发达国家的经济发展减缓，并且近年来的物价呈现通货紧缩的状态。

日本国内由于出生率的下降（以2006年为顶峰，出现了历史上首次人口减少的现象），预计到2015年为止，65岁以上人口的比例将大幅度增加，由现在的19％增长到26％。人口减少与老龄者增加，给日本的国内市场以及劳动环境等多方面带来了很大的影响。另一方面，由于最近中国经济的迅速发展，以原油为主的国际原材料产品需求有持续增长的趋势，但产品价格却因企业竞争的日益激化而难以提价。

其次，日本制纸集团深入了解世界纸张市场的动向。世界纸张市场的生产与消费依然保持持续增长的态势，可以说纸张、纸浆产业是一个增长型的产业。目前，产品的生产、消费中心正在由北美、西欧逐渐转向亚洲。虽然日本国内市场的消费有限，但关注市场增长最快并不断扩大的亚洲纸张市场的动向，对集团来说是不可欠缺的课题。

再次，日本制纸集团深入了解本集团所面临的产业困境。日本的纸张、纸浆产业面临着竞争激烈的产业环境，尤其是面对中国纸张、纸浆产业的急速发展以及全球性的竞争。这对该集团来说，既是威胁，也是机遇，必须适应激烈变化的市场需求。此外，在日本国内，进口纸有增加的苗头。

在全球范围内的环境及资源问题方面，依靠企业的综合实力能否制定出有效治理二氧化碳排放量增加的对策，展开植树造林等，已成为在全球范围内决定企业优胜劣汰的关键。集团在经过合并与经营整合后，在日本的纸张、纸浆行业起到了代表性的主导作用。集团推行了第一个中期经营计划（2003～2005年），致力于经营体制的完善与企业素质的提高，最终结果是在计划实施的最后一年，集团的带息负债余额、人员、体制等各方面达到预计的目标。

　　日本制纸集团据此确立了新的目标与远景。其在日本国内已打下了坚实基础，并在地理环境上具有毗邻快速增长的亚洲市场的优势。今后，在更加激烈的经营环境中，集团为了在国际竞争中立于不败之地，保持持续增长，就必须承受更强有力的竞争及应对市场的变化，打造更坚实的经营基础。为了确保国内业务取得稳定的高收益以及全面开展海外的业务，实现下一个十年计划，日本制纸集团制定了"集团2015年远景规划"，这也是该集团今后10年的运营方针。

　　成功的管理者关注成员的个人目标，洞察其深层次基础，运用充分的倾听、征询、尊重、说服及个人魅力等能力和技巧，从而将个人目标转化为群体目标。对未来的目标能有个清晰、明确的看法，是现代管理者的远见能力在发挥着至关重要的作用，它绝对是不能缺少的。因为远见能够决定管理者的工作能力，它能描绘出未来前景的具体样子，来点燃人们的工作热情，驱使人们不断地向前进取。

　　一般而言，团队远景规划描绘的是团队未来发展的蓝图，即团队前进的方向、团队的定位及将要占领的市场位置及计划发展的业务能力，是团队最终希望实现的美好前景。在未来的5~10年或更长的时间里，团队究竟要成为什么类型的团队？在团队决定进入的业务领域究竟要占领什么样的市场位置？团队管理者对这两个问题的清晰回答就构成了团队的远景规划。明确的团队远景规划是制定战略的前提条件。如果团队前进的方向尚不明确，也不明确为在竞争中获得成功需要建立哪些能力，那么团队战略制定及经营决策便缺乏明确的指导，就像在黑暗的大海中航行的轮船缺乏灯塔一样，因而根本不可能取得成功。

因此，对于团队远景规划的制定要遵循以下三个步骤：

首先就是要对团队进行SWOT分析，所谓SWOT分析即Strength（强）、Weakness（弱）、Opportunity（机会）、Threat（威胁），就是分析团队的优势、劣势、竞争对手是谁，以及竞争对手的长处和短处，机会在什么地方，市场状况等，还要考虑到团队成员的自信心等。基于分析的结果给出一个判断，主要是考虑在这样一个分析结果下，在未来的三五年或是更长时间，团队要达到一种什么状态，并描述这种状态的蓝图、图像。例如"GE永远做世界第一"，这是通用电气公司希望未来达到的状态；最后，当团队的远景规划一旦定位，必须正式告知团队全体成员："这是我们的远景规划，我们一定要这么做"，以将团队的远景规划推至团队全体成员，以推动团队远景规划为工作重心而努力。

当然，在制定团队远景规划时，要注意既要立足现实，又要具有前瞻性和科学性，而且远景规划必须具有激励性和可实现性，唯有这样，才能使团队的远景规划真正孕育无限的创造力，激发团队强大的动力。

一个成功的、优秀的、伟大的管理者，在进入企业的开始，必须完成的第一件事就是为自己和企业确立目标，清晰地感受自己的责任。管理者应当能够看得够远、看得够清楚，而且能在惊涛骇浪之中、雾气迷茫之时挺身站立，迅速做出决策，朝着正确的方向前进。带领大家奔向目标，奔向胜利。

10. 威尔逊法则：困难时领导要身先士卒

　　要义：现场指导可以及时纠正员工的错误，增强员工解决问题的
信心，是提高员工素质的重要方式之一。
　　提出者：美国行政管理学家切克·威尔逊

　　每个组织都有自己管理绩效和指导员工的方法，正确的指导有助于个
人的成长并对组织起着重要作用。如果对员工的指导很出色，绩效管理就
转变成一个协作的过程，这个过程可以让每一个人受益。手把手的现场指
导可以及时纠正员工的错误，增强员工解决问题的信心，是提高员工素质
的重要方式之一。

　　不少著名企业都很重视对员工进行现场工作指导。麦当劳快餐店创始
人雷·克罗克是美国社会最有影响力的十大企业家之一。他不喜欢整天坐
在办公室里，而是大部分工作时间都用在"走动管理上"，即到所有分公
司各部门走走、看看、听听、问问，随时准备帮助下属解决工作中遇到的
问题。

　　麦当劳公司曾有一段时间面临严重的亏损危机，克罗克发现其
中一个重要原因是公司各职能部门的经理有严重的官僚主义倾向，
习惯躺在舒适的椅背上指手画脚，把许多宝贵时间耗费在抽烟和闲

聊上。于是克罗克想出一个"奇招"，将所有经理的椅子靠背锯掉，并立即照办。开始很多人骂克罗克是个疯子，不久大家开始悟出了他的一番苦心。管理者们纷纷走出办公室，深入基层，开展"走动管理"。及时了解情况，帮助员工们现场解决问题，终于使公司扭亏为盈。

无独有偶，最先创造"走动式管理"模式的惠普公司，为推动部门负责人深入基层，又创造了一种独特的"周游式管理办法"。为达到周游式管理的目的，惠普公司的办公室布局采用美国少见的"敞开式大房间"，即全体人员都在一间敞厅中办公，各部门之间只有矮屏分隔，除少量会议室、会客室外，无论哪级领导都不设单独的办公室。这样，哪里有问题需要解决，部门负责人就能以最快的速度赶到现场，带领自己的员工以最快的速度解决问题。正是这些保证了惠普公司对问题的快速反应能力和解决能力，并成就了它的辉煌。

通用电气公司的韦尔奇也是一位专注于带领部下解决问题的优秀管理者。

GE旗下的CNBC电视频道的《商务中心》节目在每晚的6：30到7：30播出。这是一个非常受欢迎的节目。2001年4月底，该节目的女主持人苏·埃雷拉给韦尔奇打了一个电话。她说，著名节目主持人多布斯又回到CNN电视台，主持《货币之线》节目，时间与《商务中心》重叠，是一个重大威胁。希望韦尔奇能发来一个电子邮件，以鼓舞她的团队成员的士气。韦尔奇知道苏已经为此取消了私人休假，也知道这对CNBC非常重要。于是他说："苏，不用发邮件了，为什么我不亲自到你的工作室去呢？"

于是，韦尔奇在接下来的一个星期里，与苏的15人团队一起，吃着饼干，喝着可乐，一起讨论几十个应对方案。那个星期的最后一天，CNBC的所有人，从电脑制作到布景设计，都加入讨论中来。在韦尔奇的参与下，CNBC（不仅仅是《商务中心》节目组）采取了以下对策：把节目时间延长，并从6点开播；在多布斯出场的当天早晨，由CNBC的另一个节目把苏请到演播室作为嘉宾与观众见面；由CNBC体育节目在周末播出NBA总决赛时，播出《商务中心》节目预告。

这样，韦尔奇俨然又成了CNBC的项目经理。他说，多布斯的复出无疑会夺走一部分观众，但我们决不会让他轻易做到这一点。这将是一场持久战，但我们要赢得第一场战斗。

结果，星期一《商务中心》与《货币之线》打了个平手，而到了星期四《商务中心》的收视率就明显超过了《货币之线》。正是韦尔奇的亲临指导，使CNBC增强了战胜对手的决心，最终创下了收视率的新高峰。

身教重于言教，榜样的力量是无穷的。行为有时比语言更重要，领导的力量，很多时候往往不是由语言，而是由行为体现出来的。在一个组织里，领导者是众人的榜样，他的言行举止都被员工看在眼里，当领导者亲临指导时，员工往往会有更大的信心和更多的热情。所以，领导者要懂得通过以身作则来影响下属，这样管理起来也会得心应手。

第四章
决策力管理法则

决策是企业管理的核心，关系到企业的兴衰荣辱、生死存亡。当机立断、刚毅果决的正确决策是企业成功的重要保证。著名管理学家赫伯特·西蒙指出："决策是管理的心脏，管理是由一系列决策组成的，管理就是决策。"

1. 儒佛尔定律：决策有赖于预测

要义：有效预测是英明决策的前提，没有预测活动，就没有决策的自由。

提出者：法国未来学家H·儒佛尔

管理大师德鲁克说："战略规划并不涉及未来的决定，它所牵涉的只是目前决策的未来性。决策只发生在目前，但目前的决策在决定着未来的走向。"

决策为未来的发展做好准备，这就需要决策管理者具有超前意识。超前意识是一种预估将来可能出现的状况对现实进行弹性调整的意识。它可以对前景进行预测性思考，可以使我们调整现实事物的发展方向，从而帮助我们制订正确的计划和目标并实施正确的决策。

二战时期，美国有家规模不大的缝纫机工厂，由于二战影响，生意非常萧条。工厂主汤姆把目光转向未来市场，一番思索后，他告诉儿子保罗："我们的缝纫机厂需要转产改行。"保罗奇怪地问他："改成什么？"汤姆说："改成生产残疾人使用的小轮椅。"一番设备改造后，工厂生产的一批批轮椅问世了。

正如汤姆所预想的，很多在战争中受伤致残的人纷纷前来购买轮椅。保罗看到工厂生产规模不断扩大，实力也越来越强，非常高兴。但是在满心欢喜之余，他不禁又向汤姆请教："战争马上就要结束了，如果继续大量生产轮椅，其需求量可能已经很少了。那么未来的几十年里，市场又会有什么需求呢？"

汤姆对儿子说："人们已经厌恶透了战争，大家都希望战后能过上安定美好的生活。美好的生活靠什么呢？要靠健康的体魄。将来人们会把健康的体魄作为主要追求目标。因此，我们要准备生产健身器。"

一番改造后，生产轮椅的机械流水线被改造成了生产健身器的流水线。刚开始几年，工厂的销售情况并不好。十几年后，健身器材开始大量走俏，不久就成为畅销货。保罗根据市场需求，不断增加产品的产量和品种，随着企业规模的不断扩大，保罗跻身到了亿万富翁的行列。

未来总会到来，又总会与今天不同。如果不着眼于未来，企业就会遇到麻烦。哪怕是最大的和最富有的公司，也难以承受这种危险，即使是最小的企业也应警惕这种危险。

卓有成效的决策者都能弄明白要解决的问题的性质，对于更多的决策者而言，决策是为了什么更具有启发价值。很多人认为决策就是为了赚钱，这似乎并没有问题，然而这种意识最容易产生投机行为，即什么赚钱干什么。在一个市场发育完整、经济活动相对理性的环境中，这种行为会被彻底地挫败。中国当代的管理者和经理人必须明白，我们已经告别了短缺经济时代，任何一个市场都存在很大的风险，谨慎决策至关重要。

由于市场同质化、产品趋同化越来越明显，决策者面对未来，会充满各种各样的迷惑，决策者必须对市场的不确定性作出回应。这就要求决策者明确决策的目的，明确了目的就明确了决策需要实现什么、需要满足什么。

1984年，本田技术研究所曾面临倒闭的危机，本田投下巨资增加设备，原本受欢迎的产品销路却大减。种种困难，使本田公司难以负荷。在这种情况下，本田却宣布要参加国际摩托车赛，要制造第一流的摩托车，争取拿世界冠军。

这个决策在当时业内人士看来，简直是一个天大的玩笑。但是本田的负责人有着清晰的目标，他期望这种决策能够为未来称霸全球摩托市场赢得先机。

这个决策出台后，激发了本田员工的奋进之心。本田负责人以身作则，为了研究开发技术，改良摩托车性能，不分昼夜，取消假日，每天都到公司努力工作。他的敬业精神感动了员工，员工们个个精神抖擞，忘我工作，终于如期制造出第一流的摩托车参赛，取得了骄人的战绩，本田公司也因此一举成名。

作为管理者，如果是不懂技术、不了解创新产品性质和特点的非专业人士，往往以短期投机为目的，他们总是想赚一把就走，结果导致决策的随意和混乱。他们所造成的一幕幕巨人崛起和陨落的悲喜剧，值得决策者警惕和反思。如果公司要成为一个有竞争力的长寿公司，就不能仅仅依靠决策者的个人判断，而需要建立一种决策优化的机制。因为一个不懂得有效决策的决策者，就不是一个卓有成效的管理者。

2. 艾科卡原则：决策前要考虑其他可能性

要义：决不能在没有进行选择的情况下作出重大决定。

提出者：美国克莱斯勒汽车公司前总经理李·艾科卡

企业管理者在作出决策前，要预测到决策后所发生的一切事情，需要作出能够应对变化的决策。

美国硅谷专业公司是一个小公司，面对竞争能力强大的半导体器材公司，显然不能在经营项目上一争高低。为此，硅谷专业公司的经理改变了自己的发展计划，抓住当时美国能源供应危机中的节油这一信息，很快设计出燃料控制专用芯片，供汽车制造业使用。在短短五年里，该公司的年销售额就由200万美元增加到2000万美元，成本也随之由每件25美元降到4美元。

孙子说："兵者，诡道也。"意思是说，领兵打仗，最讲究随机应变。兵来将挡，水来土掩。同样，我们也可以说："商者，诡道也。"商业头脑的高下就是应变能力的高下。

1931年，美国著名管理者哈默从苏联回到美国，这时，美国正在进行总统换届选举。哈默通过深入分析，认定罗斯福会获胜。哈默知道，罗斯福喜欢喝酒，他一旦竞选成功，1920年公布的禁酒令就会被废除，到时，威士忌和啤酒的产量将会十分惊人，市场上将需要大量酒桶用以装酒。这里面蕴藏着巨大商机。用来制作酒桶的木材非一般木材，而是经过特殊处理的白橡木。哈默在苏联生活多年，他知道苏联盛产白橡木，于是，他立即决定返回苏联去订购白橡木板。

哈默将这些木材运到美国，并在纽约码头附近设立了一间临时的酒桶加工厂，作为应急的储备。同时，他在新泽西州建造了一个现代化的酒桶加工厂，取名哈默酒桶厂。当哈默的酒桶生产线日趋成熟的时候，罗斯福下令解除了禁酒令，人们对威士忌的需求急剧上升，各酒厂的生产量随之直线上升，急需大批酒桶。此时，哈默早已给酒厂准备好了大量酒桶。生产酒类的厂家有许多，而大规模生产酒桶的工厂却只此一家，哈默酒桶厂的赢利远远超过了其他酒厂。

领先变化，就要有远见，能够准确地判断未来的趋势，在这些趋势发生之前先做好准备。市场环境瞬息万变，企业只有在变化中不断调整发展战略，保持健康的发展活力，并将这种活力转变成惯性，通过有效的战略不断表达出来，才能获得并持续强化竞争优势，在变化中成为市场上最大的赢家。

面对一杯装了一半白开水的杯子，"杯子已经装满一半"和"杯子还有一半是空的"都是对它的正确描述。但从市场的眼光看，这两句话意思是完全不同的，它所产生的结果也完全不一样。当企业管理者的认识从"杯子已经装满一半"，变为看到"杯子还有一半没有装满"时，就会发现市场中的空白。

其实发现市场中的空白并不重要，重要的是要能比别人领先一步。正如《孙子兵法》中所说："胜兵先胜而后求战，败兵先战而后求胜。"即打胜仗的军队总是事先创造取胜的条件，而后才同敌人作战；打败仗的军队，总是先同敌人作战，而后企求侥幸取胜。

在领先市场需求方面，海尔集团可谓企业中的领头羊。

在海尔十几年的发展过程中的几个重要时期，它都比同行超前一步，境界永远高人一等。

首先，它的产品质量超前。在我国第一次家电消费的狂潮中，别的厂家都为了抓紧时间生产产品，大幅度地增加生产线，海尔集团董事局主席兼首席执行官张瑞敏却预料到质量在未来竞争中的分量，于是，他宁可放弃相当一部分利益，毫不手软地"砸掉质量低劣的冰箱"。

其次，它的服务超前。当不少家电企业猛然觉悟，要狠抓质量的时候，海尔早已看透了服务的商机，决定以高效的服务网络最大限度地开发用户资源，因此推出"国际星级服务一条龙"。

接下来，当大家还在谈论企业应走多元化道路还是走专业化道路时，海尔已走出了国门；在同行们还在探究互联网是什么情况时，张瑞敏又已经提出"要么触网，要么死亡"的豪言壮语，从那时起，海尔开始重新打造基于互联网电子商务、以客户为起点的业务流程。

在全球化威胁到企业生存时，海尔已经在发达国家站稳了脚跟；当别人感到产业生存空间的狭小，苦苦地摸索新的增长点到底在何方时，海尔已经扬起了金融资本的大旗，开始真正地搭建一个跨国公司的框架。

伴随着全球化技术革命的发展和网络时代的到来，创新也不再仅仅是对市场需求的快速反应。在做好今天的同时，企业更需要关注未来的发展，企业领导更要有富于前瞻性的战略眼光。领先市场需求一小步，就是推动企业发展一大步。

由于成功运用了流水生产线，福特公司的汽车创造成本一下子下降了很多。

到1924年，福特T型车的售价已降至不到300美元，这个价格低于当时马车的价格。当时没有任何一家汽车公司有能力将汽车成本控制到福特汽车成本之下，福特始终占据着价格优势，这种优势使福特成为美国汽车行业的领头羊。

如果说福特的成功是源自抓住了消费者渴望廉价汽车的心理，那么导致福特痛失行业领头羊位置的主要原因就是忽视了消费者的需求变化：随着汽车走进了千家万户，消费者开始对汽车的时尚性有了需求。

通用将民众的愿望变为了可能，他们开发出著名的车漆，它使汽车喷漆的干燥时间从几周缩短到几小时，并为汽车的外观提供了多种颜色方案。通用汽车的掌舵人斯隆在1924年的年度发展报告中阐述了著名的"不同的钱包、不同的目标、不同的车型"的市场细分战略。他根据价格范围对美国汽车市场进行了细分，每个通用汽车品牌的产品都针对一个细分市场。

通用的努力获得了丰厚回报，从20世纪20年代中期到20世纪50年代的20多年间，通用汽车的年度销售量翻了两番，很快就超过福特汽车，成为美国汽车市场上新的领头羊。

正是看到了消费者消费需求的变化，通用获得了超于福特的机会。在汽车工业发展史上，但凡哪家企业率先发现并解决消费者的需求，必定大获成功。在20世纪70年代初期，中东战争爆发，全球爆发石油危机，这为一直对美国市场伺机而动的日本汽车公司迎来了机会。

在这一年，以丰田为首的日本汽车工业敏锐地发现民众对小排量汽车的需求。日本汽车率先掉头，他们减少了对耗油量大的大型汽车的投入，转而全力发展节能型小车。不出三年，日本向美国出口的汽车数量已经超过美国国内的销量，在美国市场上的风头全面压过福特、通用和克莱斯勒。

　　错失小排量汽车发展良机的克莱斯勒公司开始寻找新的市场需求，他们把眼光停留在厢型车上。传统厢型车的空间不够大，不能满足消费者旅行的需要，但小货车又不够轻便。1983年，克莱斯勒公司开发出介于传统厢型车和小货车之间的厢式旅行车系列，从而开辟了旅行车这一细分市场，成为这一市场的领军企业。

　　好的决策能够应对变化，在变化中成为赢家。同时，好的决策必定是顺应变化的决策，因为任何与客观变化相抵触的决策，最终会一败涂地。

3. 斯隆法则：决策前倾听不同意见

　　要义：在没出现不同意见之前,不做出任何决策。

　　提出者：美国通用汽车公司总裁P·斯隆

　　决策必须避免混乱，因为对于决策者而言，不能将眼光仅仅放在简单解决问题的层面上。倘若决策引发混乱，那么决策者将陷入无穷的具体问题中而无法自拔。混乱的决策往往会造成决策力量的分散，使管理者忽视重要的战略决策。决策者应该摆脱"决策陷阱"，摆脱决策中的混乱局面。不要迷信直觉，而是应该冷静地分析现实、面对现实，听取大家不同的意见。决策者需要明白，自己不是消防队长，哪儿有火就要奔到哪儿，一个人的力量是有限的，靠的是大家的力量和智慧，自己的职责就是防止火灾发生，预防才是决策，而行动仅仅是在执行决策。如果决策者不能冷静下来分析决策的前提和现实的话，那么就谈不上决策的有效性。

为了避免决策混乱，决策者首先应该对决策进行分类。要按照优先原则，确定哪些是必须解决的战略决策，哪些是一般性的决策。决策者要高屋建瓴地理解企业发展所处的阶段，明确未来市场的需要以及目前企业自身所具备的条件，然后全面权衡利弊，从而理性做出决断。

其次，还必须防止决策中的随意性。要尽量制订决策计划，既不能轻易决策，也不能轻易改变决策。企业的生存与发展，决策是主要因素，有时甚至是决定性因素。同样的企业，同样的条件，因为决策者决策风格不同企业的经营情况就会出现明显的差异。巨人集团的陨落充分说明了这一论断。

巨人集团创始人史玉柱，有着传奇般的创业历史。通过广告策划，史玉柱用他的4000元钱迅速打开市场，并获得了第一桶金。不久，史玉柱在珠海成立巨人高科技集团公司，以生产电脑硬件为主业，他们当时开发的汉卡比联想汉卡还畅销。随着巨人的迅速崛起，巨人集团广泛涉足其他领域。

1992年，巨人集团在国内电脑业已所向披靡、占尽风光，同时开始实施多元化发展战略，先后涉足金融、房地产、保健品、医药行业。1993年，在全国房地产热的高潮中，巨人集团斥资上马巨人大厦项目。起初，史玉柱是打算盖一幢18层的自用办公楼，但是在房地产业中大展宏图的欲望使史玉柱一改初衷，设计一再改变，楼层节节拔高，由原来的18层增至38层。后来，当地政府的一些领导建议巨人集团为珠海建一座标志性大厦。因此，巨人大厦又由原来的38层改为54层、64层，最后决定建设70层的大厦，预算也因此从2亿元增至12亿元。这个项目方案的一改再改完全由史玉柱一人决定，决策的合理性暂且不论，决策计划随个人意愿而不断改变，决策的盲目性成了一大隐忧。这种决策的混乱局面，充分反映出中国民营企业决策机制的严重缺陷：没有明确的决策目标，决策者个人的喜好和素质直接决定着企业的兴衰存亡。在巨人集团的股权结构中，90％的股权由史玉柱个人持有，他不仅拥有所有权也拥有经营权。显然，这种股权结构使决策者权力过大了。因此，中国民营企业的脆弱性就体现在企业的一切问题由管理者决定，在关键时刻，管理者的一个决策就可能使企业陷入危如累卵的境地。

巨人大厦的开发是一个个人混乱决策的典型案例，单凭巨人集团的实力，根本无法承接这项浩大的工程。然而令人瞠目结舌的是，巨人大厦从1994年2月动工到1996年7月，史玉柱竟未申请过一分钱的银行贷款，全凭自有资金和卖"楼花"的钱支撑。后来，由于资金不足，巨人大厦未能如期完工，已买"楼花"的人要求退款并赔偿，巨人集团无力赔偿，这直接导致了巨人财务危机的爆发。

进入生物工程领域是史玉柱的第二败笔。对巨人集团来说，生物工程是一个完全陌生的领域。由于不了解该市场的消费者特性，尤其不熟悉这一新领域的资金运作和营销策略，巨人集团越陷越深。尽管1994年至1996年，巨人集团在保健品方面异军突起，但其整个生物工程却出现全面亏损，债权债务相抵净亏5000万元。生物工程业务萎缩的重要原因还包括受巨人大厦的拖累。在决定进入房地产和生物工程领域之前，史玉柱曾设想了一个绝妙的财务运作机制：先用开发巨人大厦卖"楼花"的钱投入生物工程，再用生物工程产生的利润反过来支持巨人大厦。然而，该计划在实际运作中出现了偏差。由于巨人大厦预算的不断攀升，史玉柱不能为生物工程注资，反而不断从生物工程中抽资去支撑巨人大厦。结果巨人大厦一蹶不振，生物工程也白白葬送。

史玉柱的决策混乱最终导致巨人集团轰然倒塌。其决策过程中的问题值得所有管理者反思。一方面，决策者对决策目的不明确，并且没有区别重要决策和一般决策，以至于决策的科学性和可行性缺少论证；另一方面，决策者的主观因素导致其随意更改决策方案，狂热的赚钱热情替代了冷静的思考，使决策盲目而混

乱。（摘自《品孙子兵法学管理》）

其实，鸡蛋放在一个篮子里未必就正确。但是，如果决策者仅仅奢望得到更多鸡蛋、更多的篮子，而不仔细反思应该怎样将鸡蛋放到篮子里去这样基本的决策问题，那么失败就是其注定的命运。

管理需要决策，决策必须谨慎，而且要慎之又慎。大多数民营管理者都将企业视为个人的成就，格外重视对企业决策权的控制。但企业要做大、做强、做久，就一定需要建立集体决策机制来规避单一决策失误的风险，同时也避免决策混乱所引发的一系列问题，因为管理者个人的能力和视角总是有限的。

4. 萨盖定律：别让员工无所适从

要义：戴一块手表的人知道准确的时间，戴两块手表的人反而不敢确定几点了。

提出者：英国心理学家P.萨盖

企业不能同时采用两种不同的管理方法，不能同时设置两个不同的目标，否则企业将无法运作；员工不能由两个以上的人来指挥，领导者也不能朝令夕改，否则将使员工无所适从。

对于一个企业，不能同时采用两种不同的管理方法，否则这个企业将无法发展。

在这方面，美国在线与时代华纳的合并就是一个典型的失败案例。

美国在线是一个年轻的互联网公司，企业文化强调操作灵活、决策迅速，要求一切为快速抢占市场的目标服务。而时代华纳的企业文化则强调在长时间的发展过程中建立起诚信之道和创新精神。两家企业合并后，企业高级管理层并没有很好解决两种价值标准的冲突，导致企业员工完全搞不清公司未来的发展方向。最终，时代华纳与美国在线的"世纪联姻"以失败告终。

这个案例充分说明，要搞清时间，有一块走时准确的表就已经足够。

在工作中，我们经常会遇到这样的情况：

"啊，经理，昨天不是说这样可以吗？"

"不是，情况有所改变，如果继续那样做的话，就不符合本公司的经营理念。"

"等等，经理，就算这计划的结尾部分出了点问题，但整个策略是按你的吩咐做的呀！"

"虽然如此，因为情况有变，所以……"这就是明显的朝令夕改，朝令夕改只能让员工无所适从。

在很多公司，老板的思维极其活跃，他们一天一个政策，一天一个创意，今天变革比较时髦，他们就抓公司的变革；明天目标管理比较时髦，他们就抓目标管理。往往一个政策才执行到一半，员工就被要求执行下一个政策，这样的企业只能使员工无所适从。于是，有些企业的员工总结出这样的规律：老板第一次发布的某个政策，可以先不管它；第二次如果还强调这个政策，那么可以适当考虑去做；第三次如果再强调相同的政策，那么应该着手去办，这样老板的一个政策能坚持下来的往往不足60%。

一名员工不能由两个领导来同时指挥，否则将使这名员工无所适从，两个或两个以上的领导不但提高不了组织的工作效率，反而会带来管理的混乱，导致员工无所适从，并降低员工的工作效率。

让我们来看下面的这个例子。

小王给医院李院长打来电话，要求立即做出一项新的人事安排。从小王的急切声音中，李院长感觉到一定是发生了什么，于是他让小王马上过来见他。大约5分钟后，小王走进了李院长的办公室，递给他一封辞职信："李院长，我再也干不下去了。"她开始申述："在产科当了四个月的护士长，我简直干不下去了。我怎么能干得了这份工作呢？我有好几个上司，每个人都有不同的要求，都要求优先处理，要知道，我只是个凡人，我已经尽最大的努力去适应这份工作，但看来这是不可能的了。让我举个例子吧，请相信我，这是一件平平常常的事，像这样的事每天都在发生。昨天早上7：45我来到办公室就发现桌上留了张纸条，是医院的主任护士留给我的，她告诉我，她上午10：00需要一份床位使用情况报告，供她下午向董事会做汇报时用。我知道，这样一份报告至少要花一个半小时才能写出来。30分钟以后，我的主管走进来问我为什么我的两位护士不在班上，我告诉她外科主任从我这里要走了她们两位，说是急诊外科手术正缺人手，需要借用一下，虽然我也反对过，但外科主任说只能这么办。但是，我的主管说什么？她叫我立即让这两位护士回到产科部，她还说，一个小时以后，她回来检查我是否把这事办好了！李院长，这种事情每天发生好几次。一家医院就只能这样运作吗？"

上面的故事正好验证了萨盖定律，阐明了一个道理：一名员工不能由两个领导同时指挥，这将使员工无所适从。"多头领导"只会使员工工作效率低下，使企业陷入混乱。

5. 奥巴特定律：事实胜于雄辩

要义：解决任何问题都需要与具体而可靠的事实打交道。

提出者：加拿大管理学家S.奥巴特

敌情就是信息，在管理中，要想做出成功的决策，就需要有利于决策的信息。

1937年，威拉德·马利奥特在开设了第一家麦根啤酒店10年后，已经建立了9家连锁餐厅。手下200名热心的员工都受过公司的顾客服务培训，马利奥特的生意显然运作顺利，他计划在随后的3年里把旗下的餐厅数目增加一倍。这家新兴公司的前途从来没有这么灿烂过。

但是，在第8号餐厅出现了奇怪状况，影响了马利奥特的开拓计划。第8号餐厅设在华盛顿胡佛机场附近，其顾客和马利奥特其他餐厅的顾客完全不同，都是路过餐厅去搭飞机的旅客，他们买了正餐和零食就塞进包包、纸袋或随身行李。马利奥特有一次到第8号餐厅视察时问道："现在的情形如何？我是说进来买东西到飞机上吃的事？"餐厅经理解释说："每天都会增加一些人。"

马利奥特整晚都在想这件事。根据《马利奥特传记》作者罗伯特·欧布莱恩的说法，第二天马利奥特就去拜访了东方航空公司，创造出一种新的业务，由第8号餐厅用两侧印有马利奥特标志和名称的橘黄色货车把预先包装好的餐盒直接送到跑道上，几个月内，这种服务就扩大到美国各航空公司，8号餐厅每天负责供应22班客机的餐饮。马利奥特很快就派出一位全职的经理负责这个新兴的业务，并且负责在胡佛机场全力拓展，同时将业务拓展到其他机场。马利奥特从这个意外机会中开发出来的空厨服务，最后拓展到100多座机场。

对马利奥特来说，第8号餐厅不寻常的顾客是传统顾客中奇异的变数，公司可以忽略他们，但是马利奥特却以迅速、勇猛的行动抓住了意外的发现，逐渐转变了公司的战略。马利奥特用他的成功经验告诉我们，所有成功的企业，它所确立的经营哲学都是从外到内、依据市场情况决定的。

在市场竞争中，企业管理者对信息不是全盘收集，而是以市场为导向，紧紧围绕企业产品的市场需求、提高产品的市场适应能力来收集信息。这是企业能否实现企业价值，企业管理者能否实现自身价值的前提。

我们以索尼的决策为例。1947年，美国著名的贝尔实验室发明了晶体管。相对于电子管而言，晶体管具有体积小、耗电少等显著优点，许多专家都认为电子管将被晶体管所取代，但他们同时认为这种改变并非短期可以实现。

当时，盛田昭夫领导的日本索尼公司看到了晶体管带来的巨大商机。此时的索尼公司还名不见经传，只是一个做电饭锅的小公司。盛田昭夫认为，电子管和晶体管都是电子设备的基础元器件，晶体管的诞生，意味着电子应用占据全新领域的时代将来临，从这个层面上讲，晶体管具有非常重要的战略价值。如果索尼顺应形势，将快速成长为一家大公司。

于是，这家在国际上还鲜为人知，而且根本不生产家用电器产品的公司，以2.5万美元的低价从贝尔实验室购得了技术转让权。两年后，索尼公司率先推出了首批便携式半导体收音机。三年后，索尼占领了美国低档收音机市场，五年后，日本占领了全世界的收音机市场。

显然，索尼购买晶体管技术转让权并大举进入收音机市场的决策是极其成功的。其实，盛田昭夫能够做出如此成功的决策，就在于他获得了两个关键信息：一是消费者希望电子产品越来越轻、越来越省电的消费期望，如果能够推出质量轻、待电时间长的收音机，一定会大受欢迎；二是晶体管的研制成功，使消费者的期望有了被满足的可能。所以，盛田昭夫相信，晶体管必然会为电子行业带来革命，谁最先占据晶体管市场，谁就把握住了未来的需求，谁就能在市场中处于主动位置。

决策管理是企业管理中最为重要的部分，因为在市场竞争激烈的今天，决策正确与否直接关系到企业的生死存亡。企业的决策管理应包括决策方针、决策制度、决策责任、决策成本和决策体制等，这些都需要以确切的信息为基础。

市场的潜在需求则需要企业领导在市场调查和分析的基础上发挥创造力和想象力，把握技术的发展动向，预测市场潜力，进行风险决策，调动企业力量，优化生产要素，调整生产管理方式，以满足市场需求。

什么企业都不能脱离市场规律，企业生产需要以市场为导向，才能获得成功。许多亏损企业生产的产品不受消费者欢迎、没有市场价值。好的企业懂得把从市场里收集到的信息加以综合，然后开发、生产出更适合市场需求、可以获得更大利益的产品。

一个企业的管理者如果不能以市场为导向，而是坐在办公室里，这个企业是不会成功的。一个企业的管理者只有和消费者的想法一致了，供给的产品满足消费者的需求了，企业才能做好做大。

企业以市场为中心进行管理定位，不是一种简单的、现行的、因果式的关系，而是一种交互式的关系。企业需要通过市场调查和分析确定各种需求的内容和边界，优化生产因素，调整企业管理方式，建立起与市场沟通的强有力的联系渠道，建立快速、准确的市场信息系统，才能实现盈利的目标。

对于企业管理者而言，要想成功决策，就需要掌握大量对决策有用的信息。从某种意义上说，决策者能否做出正确决策取决于他占有的信息量的多少。其实任何方案都是需要论证的，所谓的论证就是在不断地搜集信息的基础上，对方案提出质疑并进行完善的过程。

为了确保决策的正确性，在决策过程中还需要相关人员的参与。比如在市场决策中，让一线销售人员参与会提高决策的准确度。让相关人员参与决策，其实也是获得利于决策的关键信息的一种重要方式。

6. 卡贝定律：放弃是一种明智之举

要义：放弃有时比争取更有意义。

提出者:美国电话电报公司前总裁卡贝

人们往往把目光盯在自己没有的东西上，拼命地去争取、去获得，不管它是否真的有用，会不会带来危机，使自己满身都是包袱。交战时，撤退是最难的，是有学问的，如果无法勇敢地实施撤退，或许就会受到致命的一击。瑞士军事理论家菲米尼有一句名言："一次良好的撤退，应与一次伟大的胜利一样受到奖赏。"

无论个人还是企业，都要学会放弃。当然，我们要的不是无可奈何地放弃。壮士断腕，就是在紧要关头，主动割爱，以另图出路。这是一种胆略与气魄，是一种理智与智慧。有目的、有计划地放弃老的、陈旧的、劣势的、不能获取效益的东西，是现代企业成功的必备条件。

在日本，家用缝纫机制造行业中，有三家非常有名的厂商，它们是兄弟、力卡、索目。这三家厂商都实力雄厚，产品质量一流，可谓势均力敌。但随着市场经济的发展，消费者生活水平普遍提高，缝纫机市场走向滑坡，很多人以购买成衣取代自己缝制。这三家大名鼎鼎的缝纫机厂商面对市场风浪，各有对策。结果，三家厂商有不同的归宿。

兄弟缝纫机制造厂认为缝纫机在家庭的作用逐步消失，三十六计走为上计，迟走不如早走，这是个时机，是个新局势。于是，该厂迅速改变生产方向为生产办公自动化设备及电脑。力卡缝纫机公司认为市场的清淡是暂时的，并自恃产品质量上乘，因此按兵不动。索目缝纫机公司则认为缝纫机产品尚未到衰落期，只要改进它，家庭不需要它，但是服装加工厂更需要。这样，该公司花本钱开发电脑缝纫机。

三家实力相当的缝纫机厂商的命运结果大不相同，力卡的产品因无法与索目的电脑缝纫机比优势，最终走向绝路，不得不宣告破产了。而索目和兄弟公司善于在关键的时刻做出正确的决策，因而获得了成功。这就提示我们，决策至关重要，我们需要不间断地研究市场的走势，同时了解竞争对手的发展方向，据此研究相应的对策。这样才能在激烈的市场竞争中获得成功。

现代社会似乎给我们描绘了一幅幅风和日丽、欣欣向荣的财富画卷，一个个诗情画意、神乎其神的成功故事，则更令我们感情冲动、意乱情迷。于是，在众多的致命诱惑面前，太多的人忘却了理性的分析和选择，忘却了放弃，任凭拥有和欲望的野马在陷阱密布的商界里纵横驰骋。殊不知，"放弃"是一种战略智慧。学会了放弃，也就学会了争取。

成立于1881年的日本钟表企业精工舍，是一家世界闻名的大企业。它生产的石英表"精工·拉萨尔"金表远销世界各地，其手表的销售量长期位于世界第一。它能取得这样的成功，全取决于其第三任总经理服部正次的放弃战略。

1945年，服部正次就任精工舍第三任总经理。当时的日本还处在战争后的满目疮痍中。精工舍步子疲惫，征程未洗。而这时，有"钟表王国"之称的瑞士，由于没有受到二战的影响，其手表一下子占据了钟表行业的主要市场。精工舍面临着巨大的生存危机！

服部正次并不为困难所吓倒，他沉着冷静，制定了"不着急，不停步"的战略，着重从质量上下手，开始了赶超钟表王国的步伐。10多年过去了，服部正次带领的精工舍取得了长足的进展，但仍然无法与瑞士表分庭抗礼。整个20世纪60年代，瑞士年产各类钟表1亿只左右，行销世界150多个国家和地区，世界市场的占有额也达到了50%到80%。有"表中之王"美誉的劳力士、浪琴、欧米茄、天俊等瑞士名贵手表，依然是各国达官贵人、富商巨贾财富地位的象征。无论精工舍在质量上怎样下功夫，都无法赶上瑞士表的质量标准。

怎么办？是继续寻求质量上的突破，还是另觅他径？服部正次思量着。他看到，要想在质量上超过有精湛制表传统工艺的瑞士，那简直是不可能的。服部正次认为精工舍该换个活法了，他要带领精工舍另走新路。经过慎重的思考，服部正次决定放弃和瑞士表在机械表制造上的较劲，转而在新产品的开发上做文章。

经过几年的努力，服部正次带领他的科研人员成功地研制出了一种新产品——石英电子表！与机械表相比，石英表的最大优势就是走时准确。表中之王的劳力士月误差在100秒左右，而石英表的误差却不到15秒。1970年，石英电子表开始投放市场，立即引起了钟表界和整个世界的轰动。到70年代后期，精工舍的石英电子手表销售量就跃居到了世界首位。

在电子表市场牢牢站稳了脚跟后，1980年，精工舍收购了瑞士以制作高级钟表著称的"珍妮·拉萨尔"公司，转而向机械表王国发起了进攻。不久，以钻石、黄金为主要材料的高级"精工·拉萨尔"表开始投放市场，马上得到了消费者的认可，成为人们心中高质量、高品质的象征！

通过放弃战略，精工舍取得了巨大的成功。在风云变幻的商场，这种例子不胜枚举。摩托罗拉公司放弃了制造，将制造中心托付给新加坡和中国，才赢得了自己在研发和市场开拓的战略制高点。同样，"买卖的松下"和"服务的IBM"放弃了"统一于技术"的战略导向，而日立、索尼、本田、惠普等则放弃了"统一于市场"的战略努力。放弃是一种基于战略的价值判断，是一种有进有退、以退为进、以守为攻、张弛有度的战略智慧。

面对战略选择的诸多困境，选择放弃需要更大的勇气和胆识，需要非凡的毅力和智慧。因此，企业家应勇于摆脱成功光环阴影的羁绊，把企业的利益作为出发点和落脚点，把企业的可持续发展作为终极追求。面对"灯红酒绿"的规模、利润等诸多诱惑，企业家同样要能够耐得住寂寞，卧薪尝胆，十年一剑，坐怀不乱。多一些耐心和耐力，少一些焦灼和浮躁。太多的经验教训告诉我们：成功的企业是不断地进行理性地放弃才获得了持久的辉煌，而失败的企业则因不能进行理性地放弃才导致了最终的没落。

7. 巴菲特定律：到竞争对手少的地方去投资

要义：在其他人都投资的地方去投资，你是不会发财的。

提出者：美国"股神"沃伦·爱德华·巴菲特

企业对于投资项目的选择一定要慎重，不仅应该事先准确地判断该项目的投资价值，而且最好到竞争对手少的地方去投资，不要盲目关注一哄而上的投资行业与项目。只有走自己的路，才有望在激烈的市场竞争中取胜。

许多大公司之所以能一直处于不败之地，正是因为他们把握了这种投资理念——到竞争对手少的地方去投资。

1962年，沃尔顿开设了第一家商店，名为沃尔·玛特百货。1969年就发展到18家分店，到1992年沃尔顿去世前，他已将其分店网络扩大到1735家，年营业额达400亿美元。在短短几年内，他就超过了美国的大商行凯马特公司和西尔斯公司，成了零售行业中当之无愧的龙头老大。

沃尔顿的成功秘诀很简单：他避开经济相对发达的地区和城市，而主要在美国南部和西南部的农村地区开设超级市场，并把发展的重点放在城市的外围，赌博式地等待城市向外扩展。他这一有着长远眼光的发展战略，不但避开了创业之初与实力强劲的竞争对手的拼杀，而且独自开发了一个前景广阔的市场。实践证明，沃尔顿成功了。

美国西南航空公司也是深谙巴菲特定律精髓的。"9·11"事件之后，美国航空业就被破产、裁员等坏消息所笼罩。然而，美国西南航空公司却创下了连续29年赢利的业界奇迹，上季度继续赢利1.02亿美元。能取得这样的成功，在于美国西南航空始终坚持"低成本营运和低票价竞争"的策略，在自己竞争对手不注意和不重视的地方下功夫，找到了属于自己的财富增长点。

美国西南航空主营其国内短途业务。由于每个航班的平均航程仅为一个半小时，因此西南航空只提供软饮料和花生米，这样既可以将非常昂贵的配餐服务费用"还之于民",又能让每架飞机净增7到9个座位,每班少配备2名乘务员。

美国西南航空还避免与各大航空公司正面交手,专门寻找被忽略的国内潜在市场。在《北美自由贸易协定》签署后,人们普遍认为总部位于得克萨斯州的西南航空最有条件开辟墨西哥航线,但西南航空抵御了这种"诱惑"。它遵循"中型城市、非中枢机场"的基本原则,在一些公司认为"不经济"的航线上,以"低票价、高密度、高质量"的手段开辟和培养新客源,取得了巨大成功。

在美国西南航空公司的大多数市场上,它的票价甚至比城市之间的长途汽车票价还要便宜。一些"巨人级"航空公司称西南航空是"地板缝里到处蔓延的蟑螂",可以感觉到它的存在和威胁,但就是无法消灭掉。从成立之初的3架飞机到如今,该航空公司已拥有366架飞机,载运国内乘客6440万人次,每天起飞航班约2800架次。西南航空的宣传小册子不无自豪地宣称:不管在美国的哪个地方,只要开车两小时,就能坐上西南航空公司的航班。

无论是投资还是经营企业,管理者都要善于找到自己的财富增长点。随大流、一窝蜂是难以发展的。作为管理者要牢牢记住巴菲特的忠告:到竞争对手少的地方去投资。

8. 爱弥尔定理：决策要坚决果断

要义：一个人在拿主意之前，一定要把一切看透，否则，他就总也拿不定主意。

提出者：法国管理学家H·L·爱弥尔

在社会日新月异的发展中，一个企业的管理者能否正确、快速地做出正确的决策关乎企业的进步、落后或者生存、灭亡。领导的决策不仅会影响到员工的情绪，还会影响企业在员工心中的形象。危急时刻分秒必争，如果管理者能够做出正确的决策，必将鼓舞人心，让员工们热血沸腾地想大干一场。一个管理者的才能主要体现在管理方面，而管理才能则主要在做决策时体现。

诺贝尔经济学奖获得者西蒙（"决策论"的提出者）指出："管理的重心在经营，经营的核心在决策！"英特尔前任总裁格鲁夫先生当被问及"您的成功是否因为您特别聪明"时，他回答："不是的，只是我们做出了更多正确的决策。"这就是决策的魅力。现在，决策论已经广泛地被应用于企业经营中，"做出一个正确决策"成了企业经营过程中最重要的环节之一。

现在的市场竞争环境瞬息万变，各种信息浩如烟海，决策一旦失误，将造成严重的后果，越是庞大的经济组织，损失越是巨大，这就需要管理者能够既迅速又正确地做出决策以应对变化。

对于决策，张瑞敏说："决策即在风险中寻求机会，但是并不是盲目的冒险。海尔这些年没有出现大的失误，现在回过头来看我们的决策，冒的风险也挺大，但那时我们进行了形象的分析，因此后来没有出现大的问题。另外，我们做决策时采取了一个办法，即如果允许的话，先拿出一个地方来做局部试验，如果成功了再推广。"

一般来说，一个企业的决策可以分为重大决策和日常决策。重大决策讲究的是决策的准确性、科学性，应该避免领导个人拍脑袋的做法，要善于发挥集体智慧；而日常决策由于时效性强，大多比较紧迫，所以讲究的是决策的速度，避免贻误战机，往往决策的效率比准确率更重要。

旅游大鳄曹江城就是一个做决策十分快的人。有人评价他"像老虎一样，发现猎物就又快又准地直扑上去"。他对于汤池这种大项目只用了5分钟来做决策。

汤池是个小镇，可是曹江城开发温泉，投产当年缴税1000万元，一个温泉项目把这个小镇变成了全省的旅游景点。

汤池温泉的火爆，曾在江城引发了不小的震动。这不仅是因为游客的疯狂追捧，汤池当时3月28日动工，9月28日就想开业，谁能相信，1.5亿元投资的汤池半年就能完工？

　　事实上，直到开业的前一天，汤池温泉还像个大工地：景区接待中心大堂仍在收尾，直到晚上8点半，工人还在紧张地铺草坪。没多久，曹江城又接到一个不好的消息，说好带几批团队来"捧个人气"的旅行社，一家也没来。

　　可到了9月28日，参加开业典礼的人惊奇地发现：接待中心装饰一新，头一天晚上还光秃秃的地面铺上了整齐的草坪，建筑垃圾被清扫得干干净净，一切都那么井然有序，就像早已部署好了一样。

　　业内人士都说：汤池温泉是被曹江城"抢"来的。此前，广东商人已与汤池镇政府草拟了意向书。如果当初他有半点犹豫，汤池温泉肯定会花落别家。曹江城自有一番道理：机会稍纵即逝，决策必须得快，定下来后，就得更快，必须尽一切可能跑在时间前面，检验是否找准市场、服务是否成熟。（摘自《品孙子兵法学管理》）

　　企业管理者的决策，关系着企业的生死存亡。在业界曾流传着很多"拍脑袋"决策失误的例子，其实"拍脑袋"并非一无是处，现在的企业界，很多企业管理者仍然沿用这一简单的决策模式。事实证明，有着长期决策经验的累积和对事物的洞察力，凭直觉判断进行决策是完全可行的。经验上的直觉与判断在提出问题、形成方案、评价与选择方案、落实方案、评估与反馈等决策环节中，都可以发挥重要作用。

另外，"拍脑袋"之所以有赢有输，主要归于竞争的规律。竞争规律最突出的特点是它的变化和发展总是与竞争者的愿望相反，总是通过违背和妨碍竞争者实现自己的愿望和预期来发展自己。

所以说要正确快速地做决策，就必须把握竞争变化的规律，首先要从自己期望的反方向去考虑它。竞争会随着企业的发展而发展，它常常比企业发展的速度快。在TCL决策收购汤姆逊时，原以为有5年左右的时间可以充分利用，以减省自己建立和培养渠道的时间和费用，结果刚刚收购完毕，比原来更大的竞争就出现了，以至管理者惊呼"没想到"！不懂得竞争发展规律，就不可能懂得科学决策。决策者能否做到快速正确地决策，还取决于他占有的信息量的多少。要及时掌握各种信息、资料、数据，把握各种动态，又要综合分析、判断决策方案的优劣。

"没有调查就没有发言权。"这所谓的调查就是搜集信息，搜集客观的、有价值的信息。

要做到信息决策，必须做到如下两点：

（1）尽可能多地占有信息

一个人占有的信息有限，这就不如几个人的团体决策更具优势。"三个臭皮匠顶一个诸葛亮"就是这个道理。

（2）要占有客观真实的信息

信息必须真实并被确认，才能为决策提供依据。有的管理者盲目听信身边的人提供的不真实的信息，导致决策失误就是很典型的例子。所以管理者要懂得"兼听则明，偏听则暗"的道理，要具有辨别信息真假的能力。

长时间的犹豫不决，不但对把握商机危害甚大，对员工的士气和团结也会造成很大伤害。快速的决策过程不仅能为企业节省大量的时间，而且还能为有效地应对竞争环境的变化创造有利的条件，有时候，时间上的超前甚至比万无一失的正确决策更有价值。

第五章
执行力管理法则

执行力，就是贯彻意图，去完成目标的操作能力，是把企业战略转化成为效益、成果的关键，执行力决定一个团队的效益，一个企业的发展。

1. 格瑞斯特定理：企业需要杰出的执行力

要义：杰出的策略必须加上杰出的执行才能奏效。

提出者：美国企业家H·格瑞斯特

作为组织领袖，其执行力强弱对组织执行力的整体表现产生着重大影响。执行是从领导开始的，我们不难想象，一个组织的领导如果对执行没有充分的认识和重视，仅仅将执行看作是下属的事情，其结果必然是执行不力。如果管理者能够以身作则，把自己当作是执行的起点，一定会促进团队爆发出强大的执行力。

利盟公司的成功就可以归功于管理者的首席执行官作用。利盟公司是享誉全球的激光、喷墨和点阵式打印机以及有关产品的制造商与供应商，他们致力于为办公室及大小家庭提供高质量的产品打印及服务，该公司在1998年的销售额高达30亿美元。利盟在美国Lexington设有行政大楼及公司最具规模的生产中心，此外在美国德尔波尔德、苏格兰Rosvth、法国奥尔良、墨西哥Juarez及澳大利亚悉尼都设有生产中心。利盟公司创立于1991年，在私人投资公司Clayton Dubilier&Rice成功收购之后由IBM Information Products Corporation衍生出来，并在

1995年正式成为一家上市公司。

由于利盟是从IBM公司分离出来的，在它身上体现出了强烈的蓝色巨人的气质，公司的CEO柯蓝德也有着浓浓的蓝色背景。他曾在IBM不同产品开发和管理职位上做了17年，并成为IBM桌面激光业务领域的负责人。1991年，柯蓝德正式出任利盟公司全球CEO。长达17年在IBM的浸润对柯蓝德执掌利盟公司带来了难以言说的影响。他认为："单纯的发明对于创造价值来说是远远不够的，关键是如何迅速将这些发明应用于各种新的产品和服务之中。"昔日郭士纳的经典之语，如今已经成为利盟的战略法宝。从1991年推出打印解决方案，站在企业运营的角度提高打印效率，到2004年在数十个不同行业提出"随需应变"商用打印方案，利盟的成长轨迹都体现了这种"执行"精神。

首先，利盟在打印领域有完善的产品线，可以保障为用户提供各种解决方案。这样可以降低硬件在解决方案中的成本比例，并使客户对服务需求增加，提高服务的利润贡献率。柯蓝德认为产品线是公司生存发展的前提，只有拥有了完善的产品线，才有机会投入更多资本对客户运营流程进行研究，并获得更多利润空间。然而产品线又不是问题的全部。只有不断提高产品技术能力，才能满足用户的各种需求，并使用户使用成本不断降低。与此同时，这种需求又为利盟的技术创新指明了方向，当技术与市场形成良性循环时，利润自然就会不断增长。因此，利盟的执行战略是围绕客户整合资源，而不是按照产品或者地域分布来划分资源。这样一来，就能在打印领域内联合不同部门对付共同的敌人，或者在一个有竞争力的行业中去共同争夺市场。

同时，利盟也注重通过识别客户需求和打印业务流程细分，对现有产品进行变革和再设计，在产品、客户和技术研发等各因素之间实现决策的平衡。这使得利盟可以在发现客户价值，继而分析技术和财务的因素后，直接进入执行的实施阶段。

其次，柯蓝德花了很多时间解决官僚机构的问题，他认为，官僚机构存在不是什么坏事，每个机构都有存在的道理，关键问题是如何让这些机构以协同的节奏运转。为此，他在利盟内部强调统一的跨部门管理。局部业务管理由各部门独立完成，跨部门管理机构成为调度公司运行秩序的中心，并成立了全球统一技术数据中心、全球统一市场推广部以及知识产权保护部门，这些跨部门的管理机构对于内部沟通和协调起到了重要的推动作用，并保障了公司的执行能力。

接下来，柯蓝德面临的任务是如何在利盟内部实现经营业务与管理职能结合，如何推进跨部门的合作，并使用户服务的策略有力执行。他认为，组织的执行力与4个有效运作的DNA密切相关——结构、权力、信息、激励——持久、良性的执行力正是通过这几个深层次因素的协调去实现的。在组织架构以及人事激励等方面，他提倡使员工的能力得到最大限度的发挥；在信息沟通方面，则致力于基于整体价值链的沟通，他认为这样可以使公司的运营精益求精。同时，他还注重竞争对手或同类厂商的市场动作，一个例子是，当利盟的竞争对手推出集中式的商用打印解决方案时，利盟立即开始研究分布式办公环境中以低成本实现打印的解决方案。他们专门成立了技术和服务部门对全球策略进行统一部署，5个月内就使这个计划产生了良好的执行效果。

柯蓝德在利盟的领导强调的是对技术和商业策略的共同推动力，利盟是打印技术解决方案的专业提供商，在打印技术方面处于绝对的领先地位。利盟公司的成功就在于其CEO柯蓝德强悍的执行风格和贯彻到每个员工的执行效力。

管理者在执行中扮演着非常重要的角色，管理者是整个企业的指挥官，肩负着控制执行的重任。作为管理者应该避免成为一名微观的管理者，陷入企业日常管理的细节当中，而是要站在一个较高的位置上去控制全局，把握整个企业的执行状况。管理者首先要把自己变成一个执行者，才能提升整个企业的执行力，带领企业在竞争中获胜。

一个优秀的管理者至少应该是一个高效执行者，要做一个高效执行者，要完成三方面的任务：一是要对组织成员进行准确评估，确保用人的正确性；二是要建设人才梯队，保持人才链条的连续性；三是提升表现优秀的人，处理表现不佳的人，使组织用人具有动态性。要想完成这三个任务，需要管理者做好七件事情：

（1）全面了解组织和组织成员

全面了解组织的目的是为了更好地理解和促进组织的目的、使命和任务的达成。全面了解组织的方法是尽可能多地搜集关于企业的原始信息，而不是从上级那里传递下来的信息，传递下来的信息都是经过筛选过的信息，不利于信息接收者的自我判断。

全面了解组织成员的优点和缺点、优势和劣势，使组织成员发挥长处。只抓住缺点和短处是干不成任何事的，为了实现目标，必须用人所长。充分发挥人的长处是组织高效执行的必需条件。

（2）保持以实事求是为基础的组织品质

实事求是是组织弥足珍贵的优良品格。我们时常看到的场景是，企业管理者关于团队的长处和优势总是能侃侃而谈，而对团队的不足之处忌讳莫深。这反映出来的心理是，任何人都愿意谈正面的、积极的、有利于自己的信息。所以企业管理者一定要在组织内部建立起实事求是、敢于表达真言的文化氛围。

（3）确立明确的执行目标和目标达成的先后顺序

把精力集中在一个目标上是最有效的资源利用方式，所以在执行的任何阶段，企业管理者都要为组织找到当前最需要实现的目标。这就需要管理者在执行之前确立目标并根据目标的重要程度对目标进行排序。

（4）调整和跟进

企业管理者要具有把握调整时机的能力，市场环境变化莫测，新的情况出现后，需要企业管理者应需而变。跟进能促进目标更快实现，跟进是一门艺术，不是压迫，而是助推。

（5）奖励业绩优秀者

奖励本身具有导向作用，一方面强化企业组织对哪种行为的鼓励和倡导，另一方面肯定优秀者的表现，为团队树立榜样，促使落后者迎头赶上，在组织内部形成你追我赶的良好竞争局面。

（6）促进员工成长

促进员工成长的方法有两种；一是培训，二是给予实践的机会。对于组织而言，员工能力强，组织执行力则强；反之，则弱。促进员工成长是组织发展的需要。

（7）自我了解

管理者要充分了解自我，对自我的优点和缺点、优势和劣势有着清醒的认知，这样才能扬长避短，有针对性地学习和吸收别人的长处和优势，使组织力量更为均衡，从而促进组织执行力的提高。

管理者的执行力是执行能否获得成功的关键，毕竟任何执行都需要通过管理者进行规划、布置和监督。优秀的企业经理人一定会注重提升自己的执行力，并通过强大的执行力为企业组织作出表率。

2. 希尔定理：命令的一半出自下属，执行的一半来自上级

要义：任意指派任务，根本就是侮辱部属的行为。

提出者：英国原子能管理局局长J希尔

在希尔定理的实际操作中，有的主管虽然自己有了完整且完善的方

案，但放在自己的心里不说，而问计于下属，当认真听取下属陈述完解决问题的方案后，会根据下属方案来进行相应的调整。如此一来，主管就在表扬下属的过程中"轻松"完成了自己的决策。而下属在得到主管的欣赏和肯定后，则会全力以赴地、创造性地执行决策方案。因为下属的心中充满着成就感、自豪感：自己不仅是直接的操作者，而且也是设计者。当自己在做自己愿意做的事情时，思维肯定是积极的，思维的方向会全部指向成功，集中于成功。下属在此种状态下执行任务，其结果肯定是出色的。

企业管理的一个较高的境界就是弱化权力和制度，以文化和理念为手段实现员工自主管理，在共同的价值观和企业统一的目标下，让员工各负其责，实现员工的自我管理、自主操作。

要实现这个目标就要求管理者必须注意发挥员工的自主性，实现员工的自我管理、自我规范，从而激发员工的工作积极性，自觉地完成本职工作，并主动追求最佳方法和最优效率，为企业创造最佳业绩。

联邦快递公司就是其中的一个典型。在联邦快递里，员工可以按照自己的方式行事，不论是主管、快递人员还是客户服务人员，都拥有非常大的工作弹性。联邦快递十分注重发掘员工的自主性，其管理者努力为员工创造一个有极大自主性的工作氛围，也大大提高了企业的竞争力。

旧金山黑森街收发站的高级经理瑞妮在联邦快递一待就是15年，其最主要的原因便是，在这里工作可以享有充分的自主权。从她做快递员时起，她就可以自主地安排自己的工作。即使成为高级经理——

负责年收入超过五百万美元的部门、每天处理3500个包裹的业务、管理近300名员工，她仍然觉得相当独立、自由，只要上司认同她的目标，她就完全可以自行决定如何做事。瑞妮说："我的上司不会对我说：'你的工作有问题'或'你的递送路线没有安排好'，我自己有一套独立的训练计划，品管小组和路线安排全由我自己做主。我非常喜欢现在的一切。"

来自第一线的员工也有同样的观点。一名快递员说："我喜欢和人们交谈。喜欢这种与人接触的自由，我认为，在这方面我是专家。"另一位说："如果我做好分内工作，头儿们就会放手不管。我喜欢这样的自由。"即使是货车司机都可以自行决定收件与送件的路线，并和顾客商量特殊的收件方式。在联邦快递，所有的人都有同样的感觉——"工作一点也不会无聊，而且时间过得很快。"

正是这种工作上的自主性使联邦快递飞速发展着，每一个联邦快递的员工都在享受着工作的乐趣。从表面上看，负责协助顾客寻找包裹的追踪员似乎受到较大的限制，但是他们却认为自己工作中最好的部分就是享有很大的自由："我们时常必须在电话中接触充满焦虑的顾客，但没有工作手册告诉我们应该怎么交谈。公司非常信赖我们。"另一名追踪员也说："虽然公司有七名主管，他们却从不紧盯着我们。主管让我们知道他们的期望，如果我们所做的不符合期望，他们就会说明。不过，主管绝不会实行铁腕手段的管理。"

在联邦快递位于曼菲斯的总部内，行政人员也同样享受着工作自主性带来的乐趣。一名在收款部门服务的员工表示："我只是把工作规则当作参考，保留使用与否的自由，甚至调整为最适合我的指南。"

当然，联邦快递公司也有一些标准来规定员工的工作，例如要求同一路线每公里每小时应该收取或递送的包裹数。联邦快递十分注重时间和效率，可是从不用秒表计算快递人员递送快件的时间。

在联邦快递，任何人都可以自由选择管理工作，也可以随时更换职务，条件是只要他能证明自己能够胜任。联邦快递从不认为把员工死死地摁在某个岗位上就好，相反，他们认为自由和自主才是效率、激情、负责精神等等的源泉。企业除非让员工获得工作的自主权，否则终将毁灭。

充分尊重员工的工作自主性就是联邦快递成功的一大秘诀，这也是应该被现代企业学习的一种管理方法。在企业统一目标和共同价值规范的前提下，在沟通、协作、创新、竞争的平台上，允许员工使用自己的工作方法和技巧，这样才能形成员工与企业共同发展、共同成长的双赢局面，才能提高企业的竞争力，并不断发展壮大。

大量事实告诉我们，硬性规章制度往往达不到企业管理者的预期效果。通过对成功企业管理经验的调查发现，好员工不是管出来的，而是表扬出来的。赏识是远远好于"管"的一种员工管理方法。只有从心底觉得被尊重的时候，员工才会有"高山流水遇知音"的共鸣，才会产生"士为知己者死"的情怀而振奋士气，提高工作效率。

在德国的主要航空和宇航企业MBB公司，可以看到这样一种情景：上下班的时候，员工把专门的身份IC卡放入电子计算器，马上显示到当时为止该星期已工作的时间。MBB公司允许员工根据工作任务、个人方便等与公司商定上、下班时间。公司只考核员工工作成果，不规定具体时间，只要在要求期间内按质量完成工作任务就照付薪金，并按工作质量发放奖金。由于工作时间有了一定的机动，职工不仅让员工免受交通拥挤之苦，还让员工感到个人权益受到尊重，产生强烈的责任感，提高工作热情，公司也因此受益匪浅。

法国斯太利公司也同样摒弃了条条框框，对员工实行非常人性化的管理。该企业根据轮换班次的需要和生产经营的要求，把全厂职工以15人一组分成16小组。每组选出两名组长，一位组长负责培训，召集讨论会和做生产记录；另一位组长主抓生产线上的问题。厂方只制定总生产进度和要求，小组自行安排组内人员工作。小组还有权决定组内招工和对组员奖惩。该厂实行"自我管理"后生产力激增，成本明显低于其他工厂。

从这两个例子我们可以明显看出，对员工施以一定程度的"放任自流"，会使员工自我认同感加强，对企业的忠诚度加深，会使员工的主人翁的责任感加强，最终达到工作的高效率、高质量。

3. 责任推卸定律：把责任落到实处

要义：人们一旦预测到在不久的将来自己会与某件事毫无瓜葛，就会从这一分钟开始推掉与此事有关的一切责任。

提出者：日本心理学家多湖惠

一个好的工作计划需要有好的组织分工，就是对工作计划执行的分工。在执行计划的过程中，组织分工更多的是分配责任。

分工的过程，就是分配责任的过程，以责任为导向，将执行目标落实与分解，直接与岗位责任相联系。在日常管理中，很容易出现员工的执行能力与岗位责任要求不匹配的现象。如果岗位责任确定后，任职人员的执行能力与岗位责任要求之间依然存在差距，员工势必很难独立完成任务，而需要依赖别人帮自己完成工作。

因此，在分配责任的过程中，要注意执行者在组织架构中的位置问题：对上级、对其他执行者、对自己要承担什么责任。

从前，有两个饥饿的人得到了上帝的恩赐：一副弓箭和一只猎物。其中一个人要了那只猎物，另一个人要了那副弓箭，然后，他们分道扬镳了。得到猎物的人原地就用干柴搭起篝火烤起了肉，他狼吞虎咽，还没有品出猎物的肉香，转瞬间，猎物就被他吃了个精光。不久，他便饿死在没有肉的兽骨旁。另一个人则提着弓箭继续忍饥挨饿，一步步艰难地向森林走去。可当他看到不远处那碧绿的森林时，他浑身的最后一点力气也使完了，他也只能眼巴巴地带着无尽的遗憾撒手人寰。

上帝看到这幅情景，流下伤心的泪。上帝可怜他们，让他们重新复活，同样又给了一副弓箭和一只猎物。这次他们并没有各奔东西，而是商定共同前往森林，去寻找新的猎物。他俩每次只烤一块肉，经过遥远的跋涉，终于来到了森林。从此，两人开始以狩猎为生的生活。几年后，他们建起了自己的房子，过上了安康的生活。

从这个故事中可以看到，合作可以使人扬长避短以达到最优化的结果。在执行计划中，通过彼此合作将关联各方的关系，并清晰界定和确认，使得执行各方的责任都建立在对方可以密切配合和全力支持的基础上，从而减少执行中的人际关系损耗。

2008年9月15日，德国国家发展银行——一个集中众多优秀人才的著名组织，在短暂而又异常宝贵的十分钟里，发生了戏剧性的一幕。上午10时，拥有158年历史的美国第四大投资银行雷曼兄弟公司向法院申请破产保护，消息转瞬间通过电视、广播和网络传遍地球的各个角落。令人惊诧的是，在如此明朗的形势下，德国国家发展银行在10分钟之后，居然按照外汇掉期协议，通过计算机自动付款系统，向雷曼兄弟公司即将冻结的银行账户转入了3亿欧元。毫无疑问，3亿欧元将是肉包子打狗——有去无回。

转账风波曝光后，德国社会各界大为震惊，舆论普遍认为，这笔损失本不应该发生，因为此前一天，有关雷曼兄弟公司破产的消息已经满天飞，德国国家发展银行应该知道交易的巨大风险。德国国家发展银行随后被德国媒体指责为"德国最愚蠢的银行"。

从10时到10时10分的短短10分钟，银行内部到底发生了什么事情，从而导致如此愚蠢的低级错误？几天后，一家受财政部委托的法律事务所，向德国国会和财政部递交的报告显示了该银行人员在"黄金十分钟"内忙了些什么：

首席执行官乌尔里奇·施罗德：我知道今天要按照协议的约定转账，至于是否撤销这笔巨额交易，应该让董事会开会讨论决定。

董事长保卢斯：我们还没有得到风险评估报告，无法及时作出正确的决策。

董事会秘书史里芬：我打电话给国际业务部催要风险评估报告，可那里总是占线，我想还是隔一会儿再打吧。

国际业务部经理克鲁克：星期五晚上准备带上全家人去听音乐会，我得提前打电话预订门票。

国际业务部副经理伊梅尔曼：忙于其他事情，没有时间去关心雷曼兄弟公司的消息。

负责处理与雷曼兄弟公司业务的高级经理希特霍芬：我让文员上网浏览新闻，一旦有雷曼兄弟公司的消息就立即报告，而我去休息室喝了杯咖啡。

　　文员施特鲁克：10时3分，我在网上看到了雷曼兄弟公司向法院申请破产保护的新闻，马上就跑到希特霍芬的办公室，可是他不在，我就写了张便条放在办公桌上，他回来后会看到的。

　　结算部经理德尔布吕克：今天是协议规定的交易日子，我没有接到停止交易的指令，那就按照原计划转账吧。

　　结算部自动付款系统操作员曼斯坦因：德尔布吕克让我执行转账操作，我什么也没问就做了。

　　信贷部经理莫德尔：我在走廊里碰到了施特鲁克，他告诉我雷曼兄弟公司的破产消息，但是我相信希特霍芬和其他职员的专业素养，一定不会犯低级错误，因此也没必要提醒他们。

　　公关部经理贝克：雷曼兄弟公司破产是板上钉钉的事，我想跟乌尔里奇·施罗德谈谈这件事，但上午要会见几个克罗地亚客人，等下午再找他也不迟，反正不差这几个小时。10时10分，德国国家发展银行发生了这件天下奇闻。而在此前的十分钟里，上到董事长，下到操作员，没有一个人是愚蠢的，可悲的是，几乎在同一时间，每个人都有自己不承担责任的理由。

　　松下幸之助有句话说得好，"经营企业，是许多环节的共同运作，差一个念头，就决定整个失败。"在任何一个企业里面，不管你努力的目标是什么，不管你干的是什么，单枪匹马总是没有力量的，只有协作才能真正高效地完成一项工作。协作就是分工合作，分工，就是量体裁衣。此外，分工合作还要明确权、责、利。

4. 哈里森法则：行动胜过一味地评论

要义：行动者常常不如评论者高明，但评论者往往没有行动。

提出者：比利时企业家H·哈里森

执行力不仅体现出企业组织及其成员达成目标的意愿，还能反映出企业组织及其成员达成目标的能力，以及对目标的达成程度。执行力是企业组织最重要的能力之一。执行力的高低决定了企业组织在达成目标、实现经济利益或者在与对手的竞争中是胜利还是失败。

佳能是全球领先的生产影像与信息产品的综合集团，经过几十年的努力奋斗，佳能成功地将自己的业务全球化并扩展到行业的各个领域。目前，佳能的产品系列共分布于三大领域：个人产品、办公设备和工业设备，主要产品包括照相机及镜头、数码相机、打印机、复印机、传真机、扫描仪、广播设备、医疗器材及半导体生产设备等。佳能在美洲、欧洲、亚洲以及日本设有4大区域性销售总部。在世界各地有子公司203家，雇员约93000人。

佳能的成功很大原因就在于他们强大的执行力。正是高效的放行能力让佳能不断创新。众所周知，日本公司战后的成功就在于其对现代技术的应用，对世界信息技术市场的强力角逐和高度重视，这使日本企业占据了家用电器、办公设备和生产设备方面的统治地位。佳能公司得以成为世界上第六个收入最高的计算机和办公室设备公司，足以说明其在信息技术方面的领先地位。据悉，佳能总是将总部年销售额的10%拨为开发独创技术的费用，在佳能过去几十年的发展中，科技创新扮演着重要的角色，从照相机到办公设备再到数字设备，佳能总是不断创新。

1937年，佳能公司凭借光学技术起家，20世纪70年代初研制出日本第一台普通纸复印机，80年代初，首次开发成功气泡喷墨打印技术，并将其产品推向全世界。在美国专利商标局公布的2002年在美专利注册数量排名中，佳能名列第二，至此，佳能连续十年进入该排名前三名。佳能公司的社长御手洗先生将佳能的历史分成两个30年，最初的30年是佳能技术突破与加强全球化发展的阶段，在这一阶段佳能得到了产品质量和技术革新的美好赞誉；佳能发展的第二个30年始于1967年，带着"右手抓照相机，左手抓办公设备"这句宣言，佳能引入了他们的第二个基本战略：多样化，在随后的30年里，佳能在办公设备、电子、磁记录、电子仪器和原料等领域进行了新技术的开发，佳能公司也建立了遍布全球的强大业务网络。至20世纪70年代，佳能扩展了其在全球的销售网，80年代完成了公司生产区域的全球化，90年代则在欧洲、美洲和澳大利亚建立了研究与开发机构。

1988年，佳能老会长贺来龙三郎先生面对全球化的挑战提出了"共生"哲学，其目标就是为了大众的利益共同工作和生活，促进人与人之间、人与社会之间、人与自然之间的相互理解与和谐相处，使地球上的每一个个体都能享受到地球的馈赠。出于这种"共生"的理念，佳能公司在保护生态方面成为世界制造业的先驱，并逐步增加了复印机再制造和墨盒可回收项目。而其在全球20多家工厂的环境管理系统也早已赢得国际认可，获得了ISO14001国际环保认证。此外，佳能还推出了太阳能板并进行了首次生物法改良土质的试验，并致力于世界各地分公司的本土化。佳能未来的全球目标，是在《幸福》杂志所排列的全球最大工业公司中名列前10位。其社长御手洗认为："这意味着将与世界上那些最大的、最优秀的公司竞争。如果我们牢牢把握住这个目标，并向着多样化与全球化战略不断迈进，我相信我们的目标将在30年内由理想变为现实。"

在佳能公司的目标中有这样一段话："我们将以领先的技术创造出最优秀的产品，我们有这种责任和义务。为了达到这个目标，我们将在R&D、产品计划和市场营销领域以一种进取的态度团结努力。"这种思想渗透到了公司的各个部门，R&D（研究和开发）贯穿于佳能的总体战略思想中，并成为佳能行为和管理模式的中心。

佳能的R&D实行的是产品部管理体制，其项目梯队不仅在新产品开发中使用，而且该方法用于解决整个佳能公司管理领域上的各种问题。这一体制是项目梯队的经营活动和管理活动组成紧密的结合，以实现企业的经营效率和创新的有效性同时并举，职能部门和各分部密切合作，对提高佳能的创新能力起着重要的作用。同时，每个产品分部的中期管理计划，都由公司产品部的开发中心制定，然后这个为期三年的产品开发计划提交到每年秋季举办的产品战略国际研讨会上。正是依靠创新的理念，佳能公司把执行力落实到了公司的每一角落，让执行得到更好的贯彻。

执行是企业管理的一个重要环节，没有执行，任何好的战略或目标都难以成功，企业的发展也不过是一句空谈。管理者一定要致力于提高企业的执行力，建立健全执行力系统化的思想，掌握执行力多层次的渗透与平衡，使各级执行者都能明确各自执行力的重点和难点，只有让执行更到位，才能实现企业的发展壮大。

在中国家电企业中，海尔的发展速度是最快的，但与国际大公司相比，张瑞敏承认海尔还存在一定的差距。张瑞敏说："与国际大公司相比，海尔在实力上还有一段距离，但是，海尔产品占比在美国、欧洲市场上升很快，虽然我们有很多地方不如国际大公司，但是我们是依靠速度去竞争，去取胜的。"

以"速度"求胜是海尔人的共识，在海尔到处可见的一条标语，令人印象深刻："迅速反应，马上行动。"这是海尔要求每位员工必须具备的工作作风。海尔的员工们都说，这八个字体现了海尔的市场观和服务观，也浓缩了海尔企业文化的力量。海尔人靠着高速度、高效率的工作作风赢得客户，扩张市场。

关于海尔的执行力，曾有一个案例：

世界500强之一的汽车零部件W公司是某汽车厂的零件供应商。在这家汽车厂的一款新车即将上市的关键时刻，W公司发现为新车配套的零部件供应出了意外——为其加工部件的上海一家供应商速度太慢，不能按时交货。如果不能解决这个问题，新车上市的时间就要推迟。

W公司急得团团转，找遍了上海，也没有一家供应商有能力接这个活。这时，W公司的一个合作伙伴提了一个建议："我们和海尔有过合作，海尔做事的速度很快；听说海尔有一个生产注塑件的中试事业部，不妨找它试试。"于是，W公司找到了中试事业部市场部门。

W公司提出的要求很急，问市场部长谭伟宏："你能三天之内拿出这次注塑件合作的详细方案吗？"令W公司想不到的是，谭伟宏发动团队力量，各部通力协作，仅用一天就拿出了一套完美的方案。在业内，最快的时间也要三天！

方案拿出来以后，因为客户的订单很紧，又提出要五天之内供货。按照行业的操作习惯，完成这样的订单至少需要半个月。但谭伟宏没有退缩，而是进行了仔细分析：检验是最费时间的，何不把客户的检验人员直接请到现场来呢？这样就省掉因为检验而耽误在路上的大部分时间了。谭伟宏把这个想法和客户一沟通，客户马上同意了。

三天之后，W公司就拿到了货。当W公司高层领导知道了这些事后，当即决定：与海尔中试事业部建立长期合作伙伴关系。

执行力的高低决定着企业的生死，没有执行力，一切都是空谈。管理者要想提升企业组织的执行力，应该铭记孔子"敏于事而慎于言"的告诫，停止空谈，立即行动。

5. 电通原则：勤能补拙

要义：若无闻一知十的睿智与才能，即须发挥闻一知一的注意力与责任感。

提出者：日本电通公司

勤奋是一种可以吸引一切美好事物的天然磁石。在日常生活中，靠天才做到的事情，靠勤奋同样能做到；靠天才做不到的事，靠勤奋也能做到。俗语说："勤奋是金。"

现实生活告诉我们：天道酬勤，命运掌握在那些勤勤恳恳地工作的人手中。富兰克林在《穷理查德历书》中说："个人的奋发工作和勤劳实干，是取得杰出成就的必然，与好逸恶劳的懒惰品行无缘。正是辛勤的双手和大脑才使得人们富裕起来——在自我教养、智慧的生长、商业的兴旺等方面。事实上，任何事业追求中的优秀成就都只能通过辛勤的实干才能取得。"

在人才竞争日益激烈的职场中，唯有依靠勤奋的美德——认真对待自己的工作，在工作中不断进取，才能成功。

在这个人才辈出的时代，要想使自己脱颖而出，你就必须付出比以往任何时代更多的勤奋和努力，积极进取、奋发向上，否则你只能由平凡转为平庸，最后变成一个毫无价值和没有出路的人。

很多人习惯于用薪水来衡量自己所做的工作是否值得。其实除了薪水之外，还有更重要的东西值得你去追求，那就是你的人生价值。勤奋的品质可以最大限度地发挥你的潜力，在工作中积累经验，努力更新你的思维方式，生命就在你的进取中生生不息，人生就在你的进取中超越自我，创造卓越。

如果一个人只想着如何少干点工作多玩一会儿，那么他迟早会被职场所淘汰。享受生活固然没错，但怎样成为老板眼中有价值的职业人士，才是最应该考虑的。一个有头脑的、有智慧的职业人士绝不会错过任何一个可以让他们的能力得以提高，让他们的才华得以展现的工作。

勤奋是走向成功所必备的美德。历史上涌现出许许多多杰出的人物，他们都是靠勤奋走向辉煌的。

在麦当劳刚刚进入澳大利亚餐饮市场时，其奠基人彼得·里奇在悉尼东部开设了一家麦当劳快餐店。当时贝尔的家离这家麦当劳店很近，他每次上学放学都会经过那里。贝尔的家很穷，上学的学费都是东凑西凑来的。看到许多同学都能买文具和日用品，他却不能。1976年，15岁的贝尔在万般无奈的情况下走进了这家麦当劳店，他想通过在麦当劳打工赚点零用钱，幸运的是，他被录用了，他的工作是扫厕所。

扫厕所是又脏又累的活儿，没有人愿意做。但贝尔却在店里干得非常好，而且他是个眼里有活儿的孩子，很勤劳。他常常放学后就过来，先扫完厕所，接着就擦地板；地板擦干净后，他还会帮其他员工翻翻烘烤中的汉堡包。一件接一件，他都细心做，认真学。

彼得·里奇看着这个勤奋的少年，心中非常喜欢。没多久，里奇就说服贝尔签署了麦当劳的员工培训协议，对贝尔进行正规的职业培训。培训结束后，里奇又将贝尔放在店内各个岗位"全面摔打"。虽然贝尔只是个钟点工，但因他的勤奋努力和出众的悟性，经过几年的锻炼后，他很快就掌握了麦当劳的生产、服务、管理等一系列工作。19岁时，贝尔被提升为澳大利亚最年轻的麦当劳店面经理。这次提升为贝尔提供了更多施展才华的机会，通过他的勤奋努力，1980年，他又被派驻欧洲，推动那里的业务，并积累了很多经验。此后，他先后担任麦当劳澳大利亚公司总经理，亚太、中东和非洲地区总裁，欧洲地区总裁，以及麦当劳芝加哥总部负责人等。2003年，贝尔被任命为麦当劳（全球）董事长兼执行官。

成功需要刻苦工作。作为一名普通的员工，你要更相信，勤奋是检验成功的试金石，即使你才智一般，只要勤奋工作，主动做好自己手头的工作，最终你将会成为一名成功者。

从英国飞往马来西亚首都吉隆坡的汉斯，一下飞机就直接找到自己的上司哈恩要求参加工作。

"好啊！请你搬把椅子坐在我办公室的角落里，尽可能地不要引人注目，其他人在场的时候不要说话，不管是迎来还是送往，你都不要离开这里。"哈恩道。

"我就干这个吗？"汉斯问。

"对。而且最起码要这样干一个月。当然，你要把自己的真实感想、疑虑、发现的问题及它的根源等分析清楚并记录下来。"哈恩郑重其事地说道。

"可是，经理，我大老远地从英国总部赶来，您让我用一个月的时间就干这些吗？"汉斯非常不解，"您要知道，我……"

"好了，既然你到了我这里，就必须听我的吩咐，而我也不想听你说你以前是干什么的，干得糟糕或出色。你可能有你的想法，也许你的想法很对，但请你先把它们放下，从适应这里的一切开始。"

汉斯虽然满肚子的委屈，但人在职场身不由己。他只好从头做起，每天静静地坐在办公室的角落里，看哈恩怎么样处理问题、迎接客户和指挥下属"开疆拓土"。脑子里像个观察员和评论员一样记录着他的得与失……

但是，随着时间的推移，他学到了以前从未看到或想到的一些事情，尤其是哈恩如何化解各种矛盾、运筹帷幄地提高工作效率和加速本部门业绩的技巧，不但让他大开了眼界，更让他学到了一些在书本上学习不到的知识。更重要的是，他从哈恩身上学习到了勤奋主动的工作习惯。

一个月结束时，哈恩问："怎么样，还有些收获吧？"

"谢谢您。这一个月的适应真让我一生受用无穷啊！"汉斯无限感慨地答道。后来汉斯成了另外一家公司的总裁，虽然取得了令人称美的成绩，但他还是一如既往地保持着从自己的上司哈恩身上学习到的勤奋的工作精神。

　　勤奋的人，能在工作中取得主动，能超越平凡的人生轨迹，获得自己应得的荣誉。你也许会说，他们是伟人，我不想做伟人，我只想做一个平凡的人。其实这只是你在给自己找借口。许多人都像你一样一直在为自己找理由，不去勤奋工作，俗话说得好："一勤天下无难事。"只要你抛开那些消极的想法，勤奋工作，你在做人、做事方面都是可以非常优秀的。

　　天下都无难事了，更何况只是你公司里的事、你的工作呢！即使你天资一般，但勤奋工作，能弥补你自身的缺陷，助你成为一名成功者；勤奋，能助你成功，逐渐成为老板器重的人。千万不要等到失业了，被淘汰了才想起要勤奋工作！

6. 吉德林法则：认清问题才能解决问题

　　要义：把难题清清楚楚地写出来，便已经解决了一半。

　　提出者：美国通用汽车公司管理顾问查尔斯·吉德林

　　"认识到问题就等于解决了问题的一半。"要想解决问题，必须清楚问题的关键在哪里。看到了问题的症结所在，也就找到了解决问题的方法。

　　吉德林法则是由美国通用汽车公司管理顾问查尔斯·吉德林提出的，

他认为企业在发展过程中，不可避免地会遇到一些难题。在瞬息万变的环境下，怎样才能最有效地解决难题呢？他指出把难题清清楚楚地写出来，便已经解决了一半，只有先认清问题，才能很好地解决问题。该定律启示管理者遇到难题时，要首先找到问题的症结所在，找到问题关键才可对症下药，有效解决。

谁都会遇到难题，人如此，企业也是如此。在瞬间万变的环境下，怎样才能最有效地解决难题，并没有一个固定的规律和模式。但是，成功并不是没有程序可循的。遇到难题，不管你要怎样解决它，前提都是看清难题的关键在哪里。找到了问题的关键，也就找到了解决问题的方法，剩下的就是如何来具体实行了。

英国的麦克斯亚郡曾有一个妇女向法院控告她丈夫，说她丈夫迷恋足球已经到了无以复加、不能容忍的地步，严重影响了他们的夫妻关系。她要求生产足球的厂商——宇宙足球厂赔偿她精神损失费10万英镑。在我们看来，这一指控毫无道理。但在结果宣判之前，种种迹象表明，这位妇女的要求得到了大多数陪审团成员的支持。想到马上就要支付巨额的赔偿费，宇宙足球厂的老板很是忧虑。

这时，宇宙足球厂的公关顾问认为，对公司来说，问题的关键就是这位妇女的控告让公司损失了大笔的钱，要是能通过这次控告重新赚回损失的钱，问题不就迎刃而解了吗？于是，他向公司建议：与其在法庭上与陪审团进行无谓的陈述，还不如利用这一离谱的案例，为公司大造声势，向人们证明宇宙厂生产的足球魅力之大。于是，他们与各媒体进行了沟通，让他们对这场官司进行大肆渲染。果然，这场官司经传媒的不断轰炸式宣传后，宇宙足球厂名声大振，产品销量一下子就翻了4倍。与损失的10万英镑比起来，宇宙足球厂算是因小祸而得了大福。

美国大陆航空公司也是成功运用吉德林法则的典型例子。

20世纪80年代初期，美国大陆航空公司从得克萨斯州到纽约市的机票价格一度降到了49美元。此后的10年，公司的业绩连年下滑，年年亏损。到1995年时，公司有18%的飞行都是负债经营的。大陆航空想了很多挽回的办法，但都失败了。为扭转这种不利局面，公司新任总裁戈登果断地停飞了这些负债飞行的航线。为找到解决的办法，他仔细分析了问题的症结在哪里。

戈登想到，出售最低价格的机票这一下策并不能使大陆航空的现状发生转变，更无法使大陆航空成为出类拔萃的航空公司。事实上，这样做的结果只能是适得其反，人们根本不想买大陆航空提供的产品。因为大陆航空虽然想以增加座位的方式和每天无数次地奔波往返于城市之间的方法，来保持机票的低价格出售，但事实证明，这些城市其实并没有这么大的需要。如此，大陆航空就只可能亏损。

了解到这些，戈登迅速把飞行航线改为人们想去的地方。过去大陆航空通常每天有6次航班往返于格林斯伯勒、北卡罗来纳、格林费尔和南卡罗来纳之间。这些城市并不需要往返数次的班机，然而大陆航空却频繁地飞向那里。戈登于是立刻砍掉了几次班机,为公司节省了大笔不必要的成本。

戈登还看到,在格林斯伯勒至格林费尔之间的航线中,大陆航空虽然占有90%的市场份额,但却仍然亏损。经过调查,戈登发现大陆航空公司从罗利飞往堪萨斯城、奥兰多或辛辛那提的航班极不合理,乘客想要去别的重要城市很不方便。但是,要是开拓了飞往纽瓦克市场的话,大陆航空公司所占的市场份额就足以支持公司开通飞往克利夫兰和休斯敦的航线,而这条航线对乘客来说最方便,当然就会受欢迎。想清楚了这些,戈登立即行动,减少了一些并不合理的航线,开拓了一些有连锁效应的新航线。事实证明,这样大陆航空的班次虽然减少了,但赚的钱却大大增加;而且即使将价格适当调高,也并不影响公司的盈利。通过戈登一系列的提出问题、分析问题、解决问题的做法,大陆航空很快扭亏为盈,成了一家颇具竞争力的航空公司。

要想解决问题,必须清楚问题出在哪里。看到了问题的症结所在,也就等于找到了解决问题的办法。所以,遇到问题后首要的就是要分析问题,只有这样,在解决起问题的时候才会得心应手,事半功倍。

7. 霍里斯定理：凡事找最佳方法

要义：做事情绝没有两种方式，只有最好的方法。

提出者：英国温布尔登网球赛著名裁判员F·霍里斯

有勇有谋的员工，才是企业最需要的员工。有勇有谋，有胆有识，包含了一个人的眼光、知识、经验、技巧、智慧等因素。有略无胆，是懦弱，是只说不做，是"秀才造反，三年无成"；有胆无略，则只会遇到问题时才来想解决方法。而有勇有谋的人，在工作中不僵化，懂得创新和变通。

美国一家生产牙膏的公司，产品优良、包装精美，深受广大消费者的喜爱，每年营业额蒸蒸日上。记录显示，公司前10年每年的营业增长率为10%—20%，令董事会雀跃万分。不过，进入第11年、第12年及第13年时，业绩停滞下来，每个月只能维持同样的数字。

董事会对这3年的业绩感到不满，便召开全国经理级高层会议，以商讨对策。会议中，有名年轻的经理站起来说道："我手中有张纸，纸里有个建议，若您要使用我的建议，必须另付我5万美元！"

总裁听了很生气说："我每个月都支付你薪水，另有分红、奖励，现在叫你来开会讨论，你还要另外要求5万美元。是否太过分了？"

"总裁先生，请别误会。若我的建议行不通，您可以将它丢弃，一分钱也不必付。"年轻的经理解释说。

"好！"总裁接过那张纸后，阅毕，马上签了一张5万美元支票给那位年轻的经理。

那张纸上只写了一句话：将现有的牙膏开口扩大1毫米。

总裁马上下令更换新的包装。

试想，每天早上，每个消费者多用1毫米的牙膏，每天牙膏的消费量将多出多少呢？这个决定使该公司第14年的营业额增加了12%。

谋略和智慧总能使人找到达到目标的方法，而勇气和信心则使人敢于实现目标。二者相辅相成，人生才能成功。只有真正的勇者才能做到"不怨天，不尤人"，既不抱怨老天爷不给机会，也不抱怨世界上没有人了解自己；只有真正的智者，才能做到凡事都有解决之道，既不埋怨问题很难，也不轻易说自己不行。

据资料显示，现在全世界大约有两亿男人使用"吉列"刀片刮胡子，但你一定不知道，"吉列公司"创始人吉列先生当初产生这项发明的念头，只是因为客户的一句话。

出身贫寒家庭的吉列，十几岁便开始当推销员。虽然工作尚算顺利，但是吉列却不想一辈子只做个推销员，他经常对自己说："有一天，我一定要开创一番不平凡的事业！"

在一次与顾客闲聊时，曙光出现了，那位顾客无意间对吉列说："嗯，如果能够发明一种用过就扔的小商品，那不就可以让顾客们不断来购买你的商品吗？""用过就扔？不断购买？"这句话立即激发了吉列的灵感。从那天起，吉列天天思索着："什么样的东西必须用过就扔掉呢？"

有一天早上，吉列正在一家旅馆的房间里刮胡子，当他拿起刮胡刀时，却发现刀口不够锋利。正值出差的他当然不可能随身携带笨重的磨刀石，于是他只好信手取过一块牛皮，轻轻地在上面来回磨，问题是刀口仍然不见锋利，无奈之下，他只好凑合着用。然而，不锋利的刀子可把吉列给整惨了，胡子不仅无法清除干净，更把他刮得哇哇叫，好不容易刮完了胡子，却见脸上留下了好几道伤痕。他感到非常生气，忿忿不平地想着："难道世界上就没有比这个更好用的刮胡刀吗？怎么没有人发明一种不必磨就锋利无比的刀子呢？"就在这时，他突然眼睛一亮："咦！这不正是'用完即扔'的最佳商品吗？"

一回到家，吉列便辞去工作，潜心研究薄刀片式样的刮胡用具，最后他设计出一款像耙子似的"T"形简易刮胡刀。就这样，安全又方便的吉列刮胡刀终于诞生了，到现在这种刀仍是许多男人必备的刮胡用具。

生活中有些问题不能解决，不是因为问题太过复杂，而是因为许多时候我们会受到思维惯性的束缚，只要我们换个角度想问题，问题就很容易解决。

有很多员工之所以工作多年而毫无起色，是因为他们没有自己独特的思维方式和创新能力。尽管他们能够勤勤恳恳地工作，但是却没有在工作中很好地展示自己的智慧，只能按照旧有的方式复制下去，一旦出现新问题，就会变得束手无策。这样的员工永远只能走在别人踩出的路上，自然不能达到新的境界。

勇于创新的员工总是能够另辟蹊径，找到更好的解决问题的方法。在当今激烈竞争的市场环境中，那些没有新招数的企业只能被慢慢淘汰，只有不断推陈出新的企业才能在不断变化的环境中大放异彩。

一家五金厂，有一个小伙子的主要任务是推销白铁桶，他仔细研究了家庭散户的市场，发现高级住宅区的家庭大多不用白铁桶，而是使用铝桶。于是，他就转移阵地，把推销的目标瞄准中下层的居民区。但这样做也有一个问题，那就是一户家庭通常只使用一两个铁桶，销售量根本就比不上旅店、酒楼。可是，家庭散户也有一个后者无法比拟的优势，那就是民间的消息传播快，只要建立良好的"口碑"，不怕打不开市场。但是，该从哪里入手，占领这一分散而又庞大的市场呢？他苦思多日，仍一筹莫展，于是成天在居民区转悠，寻找灵感。

终于有一天，他在居民区看到几位老太太围坐在椅子上择菜、聊天，突然有种茅塞顿开的感觉，于是，他决定将推销的目标锁定在老太太身上。他这样盘算：老太太都没有工作，闲在家里就喜欢相互串门，唠叨些家长里短的事。如果专找老太太卖桶，只要卖了一个，就等于卖掉了一批。只要他自己推销得法，赢得不错的口碑，等于无形中增加了大量的义务推销员，这样积少成多，加起来的数量也会相当可观。果然，他这一招大获成功。很快地，这位年轻推销员的业绩遥遥领先，成为五金厂的销售冠军。

当然，在推销方面，他也并非是无往而不胜的。在一次争夺酒店客户的推销竞争中，他就败给了对方。但是，他并不是输在推销技巧方面，而是输在产品上。对手推销的是塑料桶，这种新型制品具有镀锌铁桶无法比拟的优势，如质量轻、色彩丰富、美观适用等。两个产品放在一起，对方便轻松取胜了。

他分析了失败的原因，觉得在很多地方，塑胶制品都足以替代木制品和金属制品，发展潜力巨大。那一晚，他不由得辗转难眠……

过了几年，他用平时积蓄的7000美元创办了自己的塑胶厂，将它命名为"长江塑胶厂"。

这位推销员不是别人，他就是华人首富李嘉诚，香港著名商业集团"长和系"的管理者。

李嘉诚的成功，源于执着的信念、辛勤的劳动，也与他凡事找窍门的习惯息息相关。

很多时候，不是因为有些事情难以做到，我们才失去自信，而是因为我们失去了自信，事情才显得难以做到。同样，并不是有些问题没有解决的方法，而是我们缺乏智慧，不懂得如何寻找方法。管理者一定要培养出勇谋兼备的员工，只有这样，团队才能具有强大的竞争力。

第六章
创新管理法则

今日世界，并不是武力统治，而是创新支配。求知创新，是永续成功的源泉。创新是企业发展动力的内核，是市场竞争的必然结果。企业只有创新才可以打破常规，突破传统；只有不断创新，才能在激烈的竞争中永远立于不败之地。

1. 柯美雅定律：创新是一种必然

要义：世上没有十全十美的东西，所以任何东西都有改革的余地。

提出者：美国社会心理学家柯美雅

在很多时候，按部就班、人云亦云的管理结果就是满盘皆输，看看那些叱咤风云的成功者，我们可以更好的理解什么叫"不按常理出牌"。

世界是不断发展变化的，企业需要不断创新、变革来适应这种变化，管理者也一样，如果不能主动求变，持续地变化，必然会被世界的变化大潮所淹没，在竞争中出局。管理者持续的创新精神，能够使自己和企业表现出高度的自信，制定出大胆的远景目标，采取有胆识、有魄力的创新行动，甚至违背企业界的流行做法和谨慎战略方式，从内部推动企业的不断革新、不断前进、不断改变公司的发展状况，在竞争中获胜。

企业的发展应该是个不断创新的过程，因为环境在不断变化，管理者以及企业就需要不断地创新。这世界上唯一不变的就是变化，管理者只有让自己不断求变，不断发展，才能适应变化的世界。创新是永无止境的，任何管理者都不能指望通过一次创新，一劳永逸地享受创新的成果，只有持续不断地进行大胆尝试和创新，才能保持企业的市场竞争力，使企业不断向前发展。

　　海德·道格拉斯是美国奥什康什公司的总裁，这家公司在成立之初主要以供应农民穿的围裙为主。在1895年到20世纪70年代将近80多年的时间里，奥什康什公司的围裙销量一直都很大，利润也相当可观，这种产品在当时十分适合需要穿着围裙耕地、挤奶、喂猪的美国农民。

　　然而，随着农业现代化水平的提高，农民大多改用机械化作业了。海德·道格拉斯接任奥什康什公司总裁后，他敏锐地察觉到了市场的这种变化——穿着围裙工作的农民很少见了。因此，为了扭转公司的发展方向，他在一次高层会议上说："现实环境已经改变了，我们不应再以五年前的眼光看待问题，而应该认真地分析市场变化，详细地做好战略发展计划，并准确无误地实施它。"1978年，海德·道格拉斯经过细心观察、认真分析，发现了一个正在急剧膨胀的新市场——许多年来，公司一直为邮购商店生产一种小孩穿的工装裤。他发现邮购商店一年卖这种商品的数量超过了六七千条，他认为这里潜藏着很大的商机。为了证实这种想法，他果断地做出决策，给儿童用品零售商寄发了直销邮件。零售商试销后，反应很不错，于是订单便如雪片般不断飞来。从此，道格拉斯把市场的重心放到了努力拓展童装市场上，很快打开了新局面。

　　到了20世纪80年代，由于童装市场竞争十分激烈，道格拉斯又一次主动求变，改变了公司的发展方向。经过调查，他发现，随着人们生活水平的提高，人们对于童装的要求也越来越高。于是，他为公司制定了新的战略定位——以生产做工精细、时髦漂亮的高档童装为主打方向。这一战略调整使公司的效益实现了一次重大的飞跃，公司的规模也不断扩大，最终奥什康什成了一家世界级的大公司。

到了20世纪90年代，海德·道格拉斯又发现沃马特、克马特、塔甘等大企业占据了童衣纽扣市场一半的份额。为了企业的长远发展，他毅然决定进军童装纽扣市场，这一措施有力地维持了奥什康什公司的市场地位，保证了公司的长远发展。

管理者应该坚持变化，创新是一种对新思想、变化、风险甚至失败都抱一种欢迎态度的行为方式。这世界上没有不朽的产品，没有永存的企业，唯有变化、创新才能发展、生存。也只有这样才能保持企业的竞争力，使其在市场中立足、发展。

日本的"电子之父"松下幸之助就是这样一位富有智慧、善于洞察未来的有为管理者，他成功的秘诀就是永远超前一步的创新思维。

当松下幸之助开始自己的事业时，依靠的就是这种在自己智慧基础上所形成的强烈的超前意识。他的背景和电器制造相隔甚远，而且在那个年代有关电的行业只不过是凤毛麟角。然而，松下幸之助坚信电这种新式能源在给人类带来方便的同时也会带来更多的欲望。灿烂的电气时代如同电灯一样将会照亮人类生活的每个角落，因此，他毅然投身电器制造业。尽管在创业伊始，他就受到了许多挫折和打击。

然而这种超前的创新意识使他具备了坚定的信念和必胜的信心，也正因此，松下电器从无到有，从小到大，成长到今天这种规模。

二战后，松下幸之助又一次主动改变现状，他超前地看到"新文明"将带来世界性的"家电热"。而这对于松下电器，既是一次发展壮大的难得的机会，也是一次艰巨而又严峻的挑战。于是他大刀阔斧地进行机构调整和技术改革，从而使松下电器在新的挑战和机遇中得到了前所未有的发展。

到了20世纪50年代，松下幸之助在第一次访问美国和西欧时发现，必须改变现行的企业体制，提高科技水平，这样才能抗衡欧美企业。而且这更是历史的必然。于是，在回到日本后，他便在产业界率先进行了民主体制改革。在体制上给予产业充分的自主权，建立了合理的劳资制度和劳资关系；经济上对低工资制进行了改革，使员工工资超过欧洲，接近美国水平，并建立了必要的员工退休金制度，使员工的利益得到充分满足，没有后顾之忧；劳动制度上则实现每周5天工作日，这在当时的日本还是第一家。松下幸之助认为，这一改革并非单纯增加1天休息，而是为了进一步提高产品的质量，高效率的工作成就愉快的假日；愉快的假日激发工作热情从而提高工作效率。只有这样，生产才能日新月异，效益才能突飞猛进。

松下幸之助的改革给松下电器带来了又一次腾飞的契机，在他的带领下，松下更是创造了许多经济奇迹，缔造了一个又一个松下的神话。

所有有为的管理者都懂得改变能谋发展的道理，环境的变化是一种新的时势、新的发展机遇。无论是地理环境、交际环境，还是职业环境、人文环境，每一次改变都为我们提供了一个新的广阔的发展空间。如果管理者能敏锐抓住这些改变的契机，主动改革、主动创新，那么企业必然会在变化中发展得更好。

改变就是从旧模式到新模式的转换，这意味着管理者必须用全新的视角、全然不同的新方式来思考原有的问题。我们每个人都具备这种"创造性的能力"，区别的关键就是无能者任由这种能力被埋没，而有为者则主动去表现自己的能力，打破因循守旧的思维习惯，努力改变现状，带领企业前往更光明的前方。

2. 艾奇布恩定理：墨守成规扼杀进步

要义：如果你遇见员工而不认得，或忘了他的名字，那你的公司就太大了点。摊子一旦铺得过大，你就很难把它照顾周全。

提出者：英国史蒂芬·约瑟剧院导演亚伦·艾奇布恩

惠普公司如今的发展就和他们的领导层不断鼓励员工创新观念有关。惠普公司从最开始的电子仪表领域到工程用计算机的研制与开发，再到商用小型机、计算机设备、打印机、UNIX系统；从网络软件，到个人电脑及惠普推动的电子化服务，公司一直在不断改变、创新。虽然每一个新产品的推出，都是非常艰辛漫长的过程，但惠普依然不懈地努力，而这正是惠普得以在激烈的市场竞争中立足的根本原因。

惠普的创始人之一戴维曾经指出，惠普公司之所以能够保持不断地创新，主要有以下三方面的因素：公司鼓励创新者们创新，创新者们敬业，生产工艺的不断创新。而在这三个因素中，发挥最大作用的当属"鼓励创新者们创新"这一管理措施。在惠普公司，实验室里的经理们每天的一项重要任务就是，保持并激发研究员们的创造热情，鼓励他们不断产生新思想，保证公司研发出来的产品能在利润期内获得最大利润。

惠普的管理者"戴帽子的过程"最能说明他们是如何鼓励员工进行创新的。当员工产生了一个新想法并找到管理者时，管理者会戴上一顶"热情"的帽子，认真地倾听员工的想法并适当地表示惊讶或赞赏，同时问一些温和的问题，以鼓励其继续深入下去。几天以后，管理者会把这名员工再叫来，戴上"询问"的帽子，提出一些非常尖锐的问题，促使这些创新者对他们的想法进行彻底深入地探讨，以确定这项提议是否可行、有无价值和能否为企业带来利益。不久以后，管理者又会第三次会见这位革新者，并戴上"决定"的帽子。经过严格的逻辑推理和缜密的思索后管理者对创新者的创意做出判断，并下结论。

惠普的这种管理方式，使员工的创新方案不管是得到支持还是被否决，员工都保持着创新热情，并更加努力地继续思考和研究，做出有益于企业的新想法、新提议。而惠普之所以采用这种领导方式，是因为惠普的管理者们认为每一个惠普人都要有创新的欲望，因此他们鼓励员工通过参加公司及外部组织的各种知识培训，巩固创新的知识基础。

在这样的环境中，惠普的每一名员工都非常踊跃地进行创新，即使部门管理者否定了这个新思想，通常也并不能真正地扼杀它。忠实拥护这些想法的工程师们会偷偷地钻研下去，因为他们坚信他们的思想会成为现实，会给公司带来超乎想象的利益。而惠普的这种做法也为其带来了许多收益，夸克·修斯是惠普的一位工程师，当他正在研制一种显示监视器时，上级却通知他放弃研究。但是他并没有这么做，而是通过深入的市场调查，说服了研究与开发经理把这种监视器投入生产。结果，惠普公司销售了17000台这种显示监视器，其利润达3500万美元。

另一个有趣的例子就是惠普曾经有一项代号为"欧米茄"的项目很有发展前景，有可能成为公司新的利润增长点，但遗憾的是耗资过于巨大。如果项目上马，惠普将不得不举债为它筹资，但这违背了惠普公司一直以来奉行的依靠利润促进发展的原则，并且它会将惠普推向一个根本不熟悉的竞争市场——直接与IBM的主机业务进行激烈竞争。公司否定了这个项目，但是几个热心于"欧米茄"项目的工程师仍然在实验室里偷偷地进行研究。后来，经过惠普公司的几个主要经理和工程师的再一次审查，发现了它的价值：在计算机的构造方面有更优化的方案。于是，"欧米茄"开发项目重新上马，改名为"阿尔法"，并且生产出了惠普公司的第一台多功能计算机。1972年"阿尔法"系列的HP3000推向市场，获得了巨大的成功。

正是由于惠普领导层的这种鼓励创新的思想，激发了员工们的创新意识，并为惠普带来了可观的利润。而同时，管理者也注重在鼓励创新的同时给予奖励，惠普会把员工创新所带来的利润的一部分奖励给员工，惠普不仅有物质上的还有精神上的奖励，夸克·修斯在成功地研制出新型显示器后，总裁戴维亲自授予了他一枚奖章，奖励他"超乎工程师的正常职责范围，表现出异乎寻常的藐视上级指示"的精神和态度。

客观事物是在不断变化的，无论是对个人还是企业，因此观念也要随之改变，唯有变，才能获得发展机会。观念决定了行为方式，如果我们把行为方式变"墨守成规"为"解放思想"，这样一替代，将会发现很多创新的机会。

日本著名风景区热海市有一家名为新赤尾的观光馆。在1979年，该旅馆接待观光游客15万人，营业额为29亿元，利润超过3亿日元。这个业绩在日本同类型旅馆中是没有能与其相提并论的。

新赤尾旅馆的管理者赤尾藏之助，是一位"和常识唱反调的经营者"。他在经营策略上采取"退"的形式，却在效益上得到了"进"的突破。

其突出表现有如下几个方面：

第一，尽量延长游客每天的住宿时间。

传统的观念认为，缩短每天每位游客的住房时间，可以充分提高客房使用率而取得较佳的经济效益，但赤尾藏之助却反其道而行之。他宣布：凡是住进新赤尾旅馆的游客，每日进房时间为上午8点钟，退房时间为次日上午10点钟。这样，游客花24小时的住宿费，便可享受26小时的服务。这种做法表面上是增加了旅馆的工作量，影响了收益，实际上却吸引了大批游客，使该旅馆不管是在淡季还是在旺季，生意都很兴隆。

第二，适当控制人数，优先面向全家旅行的游客服务。

一般的旅馆管理者认为，旅馆客房应该全部满员，所以各家观光旅馆大多数愿意为人数较多的团体游客服务，而把人数较少的散客放在次要位置。为此，许多旅馆常常不惜折价招徕团体游客，以保证客房的高住客率。

对此，赤尾藏之助不以为然。他的观点是，游客们到风景区观光旅游，是为了尽情享受优美的自然景色和旅馆安逸舒适的生活。如果旅馆内因客满而时时人声鼎沸，势必破坏那种宁静、安逸的气氛，影响游客的兴致，这最容易破坏旅馆的气氛，并且为团体游客服务，旅馆往往还必须折价。

因此，新赤尾旅馆并不像其他旅馆一样，千方百计地吸引团体游客，即使接待，也尽量控制人数。反之，对于全家旅游，特别是新婚旅行的游客，新赤尾则非常热情，不论是客房安排，还是餐厅进食，服务员都会优先安排，周到服务。贯彻优待家庭游客的结果，使新赤尾旅馆始终保持一种优雅、静谧的气氛，反过来又为旅馆吸引了更多的游人。

第三，为顾客提供一些免费服务。

通常，观光旅馆的经营者认为，游客既然外出观光游览，一定不会在乎几个钱的，因而游客住进店，样样服务都收费。

而赤尾藏之助的做法却与众不同：在新赤尾旅馆，游客们可以免费享受到诸如早餐、咖啡、温泉浴后享用的橘子水、打乒乓球及玩麻将等服务。这些免费提供的服务项目，虽然微不足道，却给人们留下了良好的印象，从而招徕更多的游客。

正是由于赤尾藏之助能打破常规，在经营上采用了奇特的招数，采取了创新的策略，才使得新赤尾旅馆不仅能同任何对手竞争，而且一直充满生机。

要想永葆领先优势，就要促使自己不断创新。而要想不断创新，就需要管理者时时发动观念的革命，消除过时的思维，吸收新颖的想法，以观念的变革来带动企业的变革。

3. 奥尔定理：安于现状者无法保住现状

要义：如果一个经营企业无法更新以适应消费者的需要，问题将层出不穷。

提出者：英国优利福企业总裁奥尔

企业作为社会经济基本单元，创新是其生存的基础，是企业生命的源泉，是企业竞争优势的根本保证，是企业持续发展的不竭动力。如果只是安于现状，那么企业只有死路一条。管理者要善于创新、勇于创新，引领企业走向新成功。

创新是人类社会的永恒主题。人类社会发展的历史，就是一部不断创新的历史。人类在创新中进步，社会在创新中发展。邓小平同志在全国科技大会上对创新的重要战略意义做过精辟的论述："创新是一个民族的灵魂，是国家兴旺发达的不竭动力，一个没有创新能力的民族，难以屹立于世界民族之林"。因此，创新是一个民族素质的重要体现，是一个国家永远立足于世界先进民族之林的可靠保证。企业作为社会经济的基本单元，创新是其生存的基础，是企业生命的源泉，是企业竞争优势的根本保证，是企业持续发展的不竭动力。

创新是企业发展的根本动力，忽视新技术、新产品的创新，发展后劲必然不足。家电生产商已经不可能靠大规模生产来创造更多的附加值，一味强调生产而忽视创新，就必然被市场所抛弃。家电的竞争最终是落在产品技术层面上，但技术是通过产品表现出来的，如何提供高品质、高科技含量的产品才是中高端市场竞争的核心所在。

　　国内目前各类洗衣机年生产量已超过1200万台，位居世界第一。但是，波轮式洗衣机是日本发明的，滚筒式洗衣机是欧洲发明的，搅拌式则是美国发明的，海尔人一直有一个梦：一定要发明出世界领先的"中国造"洗衣机。在德国柏林举行的第一届全球家电展览会上推出并申报国际PCT发明专利的海尔"双动力"（滚筒、波轮功能二合一）洗衣机，以双一半（用水一半、用时一半）、三模式（搅、揉、搓）的卓越性能，在展览会引起极大关注，成为全球家电展览会上的最大亮点。之后海尔又推出海尔"玫瑰钻"滚筒洗衣机，成为海尔创新的又一典范之作。高科技含量，加上人性化设计，使该机不仅秀外慧中，还极富诗情画意，机身仅厚40厘米，却能容下5公斤的衣物。有了这一身优点，海尔"玫瑰钻"又成了商家和消费者的新宠。

　　海尔冰箱的市场综合占有率、产品销量在国内同行业内，已连续12年稳居榜首，被数家权威部门推上"王座"，海尔冰箱往往以大于第二与第三之和的业绩占据冰箱市场的巨大份额。这些市场业绩得益于其持续的创新和闪电般的更新换代速度，仅在2001年，海尔冰箱便推出了212款新产品，包括引领全频科技的海尔太空冰箱，被世界营销大师科特勒先生授予"创意奖"的微波炉冰箱，"无须解冻即时切"给全国用户带去健康和便利的海尔快乐王子007等等。在近日结束的美国国际家电展上，海尔冰箱推出的印有各式富有动感的美国国旗图案的"国旗冰箱"使美国人激动不已。海尔画门007冰箱正掀起一股"色彩斑斓的流行旋风"——消费者可以根据自己的需要给冰箱门体换新貌。

　　17年来，海尔集团不仅仅是在创造着一个产品、一个企业，更是在创造着一个品牌和机制，创造着一种文化和精神，海尔集团在创造着物质财富的同时，也为精神文明建设做出了巨大的贡献。我们可以这样说，海尔是一面旗帜，它代表了民族工业的发展方向，表达了中华民族自立于世界强林的愿望；海尔是一种标志，为我们开阔视野、创新思路、提高境界、与时俱进提供了坐标；海尔是一面镜子，为我们寻找差距、挑战自我、追赶先进提供了动力。经过17年努力，海尔实现了全球营业额602亿，打响了品牌，造就了队伍，引领了行业。海尔正在以稳健的步伐向世界500强迈进，海尔的成功在很大程度上取决于海尔人的创新意识和创新精神。（摘自《成就人生的88个管理学定律》）

　　一个企业要在不断变化的环境中求得发展，就不能墨守成规，必须不断地进行企业创新，才能增强其应变能力和竞争能力，取得竞争优势，获得企业生存和实现可持续发展的原动力。

4. 森谷定理：从需要中寻找创新的动力

要义：创造力来源于需求。

提出者：日本野村研究所高级研究员森谷

管理大师德鲁克说："企业的创新必须永远盯在市场需求上。如果只是把焦点放在产品上，虽然能创造出技术的奇迹，但也只能得到一个令人失望的结果。"在市场经济条件下，市场是企业发展的根本，没有市场，便没有企业的生存空间。企业各种创新的效果也必须由市场来检验，创新是否能满足市场需求是影响和决定企业命运的关键因素。

作为卫星移动通信业开拓者的美国铱星公司，曾耗资50亿美元，花费12年的时间致力于技术创新，研究开发出了由66颗低地球轨道卫星组成的移动通信网络，于1998年11月1日正式投放市场。结果出乎意料，由于手机和服务费用非常昂贵，大多数人承担不起，导致客户稀少。

按照创新成本计算，要实现赢利至少需要有65万家用户，但一直到1999年8月初，该公司只有2万家用户。这之间的差距无论做出多少努力也无济于事，最终公司在无法按期偿还巨额债务的情况下，只能于1999年8月13日被迫向法院申请破产保护。

　　造成铱星公司破产的最关键问题是缺乏市场导向，忽视市场需求的变化，尤其是忽视了消费者的承受能力。由于技术突飞猛进，20世纪90年代以来，普通手机的价格和通话费急剧下降，远远高于同行服务价格的铱星公司只有申请破产保护一条出路。

　　创新不能背离市场需求。管理学大师熊彼特提出了创造性破坏理论，这个理论的核心观点是，在市场的任何时期，都存在相对静止的阶段，在这个相对静止的阶段中，拥有竞争优势的企业将获得经济利润。但是该公司的竞争优势不断受到来自竞争对手的冲击，能够超越该公司的优势并获得竞争领先地位的企业将在下一个相对静止的时期继续获得利润；而超越对手的唯一方法就是创新，并且是根据市场需求而做出的创新。

　　19世纪中叶，美国加州出现一股淘金热，许多人都怀着发财梦争相前往。

　　当时，一个17岁的小农夫亚默尔也想去碰碰运气，然而，他却穷得连船票都买不起，只好跟着大篷车，一路风餐露宿赶往加州。

　　到了当地，他发现矿山里气候干燥，水源奇缺，而这些寻找金子的人，最痛苦的事情便是没水喝。许多人一边寻找金矿，一边抱怨"要是有人给我一壶凉水，我宁愿给他一块金币！"或"谁要是让我痛痛快快地喝一顿，我出两块金币也行"。

　　这些牢骚，居然给了亚默尔一个灵感，他想："如果卖水给这些人喝，也许会比找金矿赚钱更容易。"

于是，他毅然放弃挖金矿的梦想，转而开凿渠道、引进河水，并且将引来的水过滤，变成清凉解渴的饮用水。

他将水装进桶子里或水壶里，卖给寻找金矿的人们。

一开始时，有许多人都嘲笑他："不挖金子赚大钱，却要做这些蝇头小利的事业，那你又何必离乡背井跑到加州来呢？"

对于这些嘲笑，亚默尔毫不为之所动，他专心地贩卖他的饮用水，没想到短短的几天，他便赚了6000美元，这个数目在当时是非常可观的。

在许多人因为找不到金矿而在异乡忍饥挨饿时，发现商机而且善加运用的亚默尔，却已经成了一个小富翁。

满足市场需求，创造市场价值，是任何企业进行创新活动时必须遵守的天条。创新体系能不能为市场发展服务，创新成果能不能及时转化为产品的市场竞争力，是评判一个企业市场反应机制、技术提升水平和协调管理能力等综合素质高低的重要指标。如果一个企业的创新成果不能为市场接受，那么这个企业的创新实力再强，最终也会被淘汰。

著名空调企业春兰集团在创新与市场对接方面，曾有过教训。

20世纪90年代初，春兰研制出了国内第一台变频空调，但公司主观地考虑到当时市场对这种高端产品的需求不大，就没有全面推向市场。

而事实完全相反，这种高端产品的市场还是不小的，由于春兰的主观臆断，以致让其他品牌的变频空调抢了先机。正是因为有了这样深刻的教训，春兰在以后的发展进程中加大了创新与市场对接的力度，并采取了三种对接策略。

一是市场需要什么就研发什么。经过调查分析，市场需要健康、静音空调，春兰就研发具备长效灭菌功能、静音功能良好的"静博士"空调；随着人们环保意识的提高，春兰就开发达到国家新能效标准、对环境无污染的节能环保空调；市场需要小吨位的大载量卡车，春兰就开发双桥增压加强型轻卡，做到了始终与市场需求同步。

二是市场何时需要就何时提供。由于做了充分的预期研制和技术储备，因而，市场无论何时需要相关产品，春兰都能做到及时推出，确保第一时间供应市场。

三是主动引导市场的发展趋向。广泛收集市场信息，及时分析、研究消费者提出的各方面意见和要求，为春兰科研人员的新产品开发注入了活力。春兰开始主动引导市场的发展，例如开发高能动力镍氢电池，引导汽车、电动机械和工具等产品市场向节能环保方向发展；开发移动式与卡式空调，以及镶有触摸屏的水晶彩色面板豪华和超豪华空调，引导消费者向往时尚和个性化特征的新生活。

正是注重创新与市场的对接，春兰产品不仅销往世界120多个国家及地区，而且实现了海外投资与海外贸易同步增长、产品输出向技术输出、一般技术向核心技术、国内选才向全球揽才、适应标准向自主标准、价格竞争向品牌竞争的全方位提升。（摘自《品孙子兵法学管理》）

企业的创新价值需要通过市场机制来实现，企业创新最终环节是投入市场，只有能经受得起消费者的考验，才能获得生存和发展的空间。

所以，管理者的首要任务不是检测创新本身，而是观测企业的产品或服务是否因创新而更受欢迎。由此可见，所谓创新创造的价值，就是指创新带来的市场价值、消费者眼中的购买价值和使用价值。按照这种观点，一个无法销售出去的创新产品是不具有市场价值的，也就不可能是有价值的创新。

5. 达维多定律：创新的过程就是自我淘汰的过程

要义：一家企业要在市场中总是占据主导地位，那么就要做到第一个开发出新一代产品，第一个淘汰自己现有的产品。企业要保持领先，就必须时刻否定并超越自己。

提出者：英特尔公司副总裁达维多

自然的规律，大概就像张弓射箭，举高了就压低一点，低了就抬高一点；弦拉过头了就放松一点，拉少了就加多一点。在商场中，什么样的情况都会遇到，这就要求管理者有一个机智灵活的头脑，善于随机调整、自我淘汰，然后自我创新。

企业要想有长远的发展，有些时候就必须做出困难甚至是痛苦的决定。企业做大固然好，但问题也是如影随形的。正是因为"大"了，其"喙""爪"衰退削弱了"执行力"，其"羽毛"厚重使"机体"日渐臃肿，"敏感度"也日益迟钝，对市场的反应能力大不如前，就开始面临危机。这时候管理者就要痛下决心，革除弊端，重占市场。

英特尔公司前总裁安迪·葛罗夫认为，创新是唯一的出路。不淘汰自己，竞争就会淘汰我们。

纵观综艺集团的发展历史，实际上就是一串不断否定自我、超越自我的脚印。

昝圣达做设计师做得得心应手的时候毅然辞职创业，因为他隐隐感受到了中国民营经济发展的美好前景；在服装内销市场做得红红火火的时候，他又突然改做外销市场，因为他预见到国内市场竞争的惨烈和利润的稀释；在稳坐我国丝绸服装出口企业的冠军宝座的时候，他又将投资范围拓展到木业，因为他意识到服装企业的增长速度已接近极限，企业必须寻找新的"舞台"；在国内大多数企业还没看懂资本市场的时候，他已经开始果断行动，为企业上市倾尽全力；在传统产业生意兴隆、万事如意的时候，他又一步步地介入高科技领域，从软件流通到软件开发，再到芯片设计，步步为营，棋棋领先。

昝圣达说，他的指导思想是"远离竞争"，在一个行业如日中天的时候，必须考虑新的投资方向以分散风险。因为一个过热的行业会吸引过多的竞争者进入，市场很快会因为竞争激烈而降低利润。转型总是痛苦的，尤其是进入一个陌生的领域，可昝圣达相信："人无远虑，必有近忧，与其承受被动改变的痛苦，不如主动改变，先苦后甜。"

　　一些媒体认为昝圣达是个资本玩家，昝圣达不赞同这个说法，他觉得自己是个实业家。他认为，传统产业做的是加减法，企业发展的速度相当有限；而运用资本经营做的则是乘法，速度大大提高；如果成功的资本经营再加上高科技产业，那么做的就是乘方了，能使企业以几何级数迅速壮大。正因为如此，发展到今天的综艺在项目选择方面，一定要科技含量高又有市场，门槛低的绝不进入。

　　昝圣达最关心的关键问题有三方面：市场在哪里？技术优势在哪里？成本优势在哪里？有些产品有很高的技术，但没市场，你卖给谁？有的有市场，但技术很低，谁都可以进入。两个问题都解决了，就要看企业的成本优势在哪里。

　　综艺选择的项目，基本上都是在各个行业占据第一、第二的位置。昝圣达认为，一流企业卖标准；二流企业卖品牌；三流企业卖技术：四流企业才卖产品。

　　昝圣达朝卖标准方向的努力，最终结出了硕果。由江苏综艺集团投资，完全拥有自主知识产权的计算机芯片"龙芯2号"获得巨大成功，结束了我国信息化建设没有"中国芯"的历史。这样一个走在IT产业前端的现代企业集团却是从一家生产刺绣服装的村办小厂起家的，这正是昝圣达与时俱进、不断否定自我的结果。（摘自《品道德经学管理》）

管理学大师彼得·德鲁克说："创新的同时，必须学会放弃。"创新组织不会为了要捍卫旧时的事物而浪费时间或资源。有系统地放弃昨天过时的事物，才能腾出资源到新工作上，尤其是最稀有的资源——才智之士。创新不仅是技术创新，还有战略、观念、组织、市场、经营模式的创新，例如戴尔就是靠经营模式的创新打败了技术先进的IBM和HP。重塑企业战斗力，必须全面提高企业创新力。自我淘汰的本质就是创新，创新的过程就是自我淘汰的过程，企业要想不被对手所打败，只有持续不断地创新。

6. 韦特莱法则：敢做别人不敢想的事

要义：成功者所从事的工作，是绝大多数的人不愿意去做的，所以许多时候，他们的成功只是因为他们做了许多人不以为然的、不愿意去做的事情而已。

提出者：美国管理学家D·韦特莱

韦特莱法则是一个很通俗易懂的道理，每个人都能明白，却很少有人能做到，正如每个人都梦想能够成功，却很少有人将其化作思想，付之于行动。韦特莱法则对大多数人是一种鞭策，对成功者是一种激励，大多数人需要改变自己的行为，成功者需要沿着成功的路继续前行。

韦特莱法则告诉我们创新就在身边，成功仅离我们一步之遥，关键在于我们是否能留心观察、留心发现，并能用我们的信心、勇气和恒心及时、迅速地付之于行动。管理者要先有超人之想，后有惊人之举，能做到不落俗套，就可不同凡响。

蒙牛集团的创始人牛根生是个传奇人物。1999年，他创建了蒙牛集团，但随后其发展速度让人瞠目结舌，截至2005年，蒙牛6年内生产总值竟然增长了292倍！牛根生在获得央视"中国经济年度人物"时，评委饶有风趣地说："他是一头'牛'，却跑出了火箭的速度！"那么"牛"是怎么跑出火箭的速度的呢？这要归功于牛根生独特的思维模式，那就是典型的创新思维。

牛根生创建蒙牛集团之初，他运用逆向思维，提出了"先建市场，后建工厂"的理论，以及虚拟联合的合作模式。

1999年，蒙牛公司注册5个月后，牛根生筹集到1000多万元资金。牛根生将用这笔钱如何创业呢？按照一般企业的发展思路，首先建厂房，进设备，生产产品，然后打广告，做促销，产品有了知名度，才能有市场。牛根生一算，如果这么去做，这笔钱恐怕连建厂房、进设备都不够。等产品出来了，黄花菜都凉了，哪里还有钱去开发市场，于是，他提出逆向经营的思路。

牛根生认为要打破一般企业的常规成长之路，他提出"先建市场，再建工厂"的理念。牛根生的计划是把有限的资金用于市场推广，然后把全国的工厂变成自己的加工车间。他发现有很多乳品企业不景气，这些企业并不缺乏厂房和生产设备，缺少的是先进的市场开拓经验和规范的管理理念，而这些正是牛根生等人的优势。与他一起创业的8位干部，都在伊利从事了10多年乳品生产经营工作，非常熟悉乳品市场的脉络，精通企业的管理。

有了理念，牛根生和他的团队就开始实施计划了。牛根生先用300多万元在呼和浩特进行广告宣传，因为呼和浩特城市不太大，300多万元足以造成铺天盖地的广告效应。几乎在一夜间，许多人都知道了"蒙牛"。

牛根生将他的理念实施后，产生了一种全新的合作模式，他把这种模式称为"虚拟联合"。这种运作方式的特点是只与对方合作，对其设备及人员进行使用和支配，但不做资产的转移。企业所有的设备等仍归企业所有，牛根生只是利用这些资源，用自己的管理、自己的品牌，合作使双方互惠互利。例如，与中国营养学会联合开发了一系列新产品，然后与国内的乳品厂合作，以投入品牌、技术、配方，采用托管、承包、租赁、委托生产等形式，将所有产品都打上"蒙牛"的品牌。这样，既投资少又见效快，还创出自己的品牌。

蒙牛的创业资本仅仅1000万元，要知道牛奶业是传统行业，对资源和资本的依赖性比较强，如果按照常规思路，蒙牛想要发展将困难重重。但牛根生运用高超的经营经验和企业运作方式，运作了将近8亿元资本，他靠的就是独特的思维方式。"先建市场，后建工厂"是牛根生充分运用逆向思维的成果。先创品牌，先营造自己的市场环境，再投入生产，这是充满智慧和经验的思维模式。通过虚拟联合，各个合作者能够优势互补，实现共赢，从而以有限的资源投入，获得

了最大化的资源组织能力。（摘自《品论语学管理》）

每个人都想成功，但在真正面对现实时，许多人却又表现得无所适从。慢慢地，他们会觉得成功是人才才能办到的事，自己是没什么指望了。因为有很多人都这样想，就注定了只有一小部分人能取得成功。其实，所谓成功者，与其他人的唯一区别就在于，别人不愿意去做的事，他去做了，而且全身心地去做。所以，成大事其实只需要那么一点点勇气。

企业的产品和服务最终都是为人服务的。以优质可靠的产品、真诚的服务，做别人想不到、不敢想、不愿做的事，企业才能取得别人无法取得的成就。

创新就在身边，成功仅离我们一步之遥，关键在于我们是否能够留心观察、留心发现，并能用我们的信心、勇气和恒心及时、迅速地付之于行动。管理者要先有超人之想，后有惊人之举，能做到不落俗套，就可不同凡响。

7. 罗杰斯论断：创新要主动进行

要义：成功的公司不会等待外界的影响来决定自己的命运，而是始终向前看。

提出者：美国IBM公司前总裁P·罗杰斯

对于现代企业运营而言，所谓"奇"，就是创新。创新是企业活力的源泉，是企业兴盛不衰的要诀。世界上任何一家大企业，无一不是在无穷变化的创新中稳步称雄于世界的。

美国的捷运公司就是一个以创新求生存的典型。

20世纪初，美国邮政局实施了竞争性包裹邮递制度，垄断了所有的货物特快专递业务，这对货运行业造成了巨大影响，美国捷运公司的利润因此一下子骤减了50%。在这种状况下，捷运公司不得不寻找新的利润增长点来维持公司的生存发展。

公司的调查人员发现，随着美国邮政局业务的扩大，邮政汇款单日益受到欢迎，这为捷运公司提供了一个很好的转变企业发展方向的思路。针对这种情况，捷运公司发明了自己的汇款单。这种"联邦捷运汇单"一经推出就取得了意想不到的成功，仅仅半年的时间就卖出了11959张。这一成功使捷运公司信心倍增，他们果断地抓住了这一机遇。迅速扩大汇单的销售区域，从其办事处扩大到火车站和杂货店，销量也因此进一步上升。此时，捷运公司已经从一家单一的运输公司开始涉足金融服务领域，公司也从破产的危险中脱身，实现了新的利润。

一次，捷运公司总裁费格从美国到欧洲去度假，他发现，在欧洲，人们无法将自己的信用证兑换成现金，这又使他发现了一次改变公司经营路线的重大机遇。费格一回到公司就召开会议，直截了当地说明自己的想法："在这次旅行中我遇到许多麻烦，我的信用证兑换不了现金。我觉得，如果美国捷运公司的总裁都遇到这样的麻烦，那么普通游客的难处就更大了。因此，我们必须采取措施加以处理才行。"后来，捷运公司通过一个简便的方法解决了这个问题，他们发行了一种专门用于旅行的支票，所有信用证的持有者只要在购物时签个字或在兑换现金时复签一下，就可拿到现金。这就是后来流行于全世界的"美国捷运旅行支票"。这项创新，使美国捷运公司的收益大增。因为常常有人遗失了支票或迟迟不兑换现金，这就使捷运公司每月销售的支票金额比其兑换的金额要大得多，出现了可观的现金结余，而这部分结余就成了捷运公司的利润来源。后来，在乔恩·弗雷德曼和约翰·米汉合著的《卡片宫》一书中，两人就对捷运公司的这一战略转变给予了高度的赞扬：美国捷运公司在偶然间创造了一种新的国际货币。

旅行支票的出现不仅加速了捷运公司向金融服务转变的步伐，同时也彻底改变了公司的企业文化。捷运公司由此变得更加注重顾客，主动为顾客解决问题，迅速抓住一闪即逝的机遇拓展自己。捷运公司在巴黎开设了在欧洲的第一家旅行支票办事处后不久，一名叫威廉姆斯·丹利的员工就扩大了公司的业务，他开始在售票窗口卖轮船卧铺票，后来又说服了公司开设了"旅行部"出售火车票、办理全包旅行和其他一系列旅游业务。以解决游客为了兑换现金、邮寄东西、安排旅行、买票、咨询等等种种需求。20年之后，这项与旅游服务有关的业务已经成了美国捷运公司的第二大战略支柱，其重要性仅次于金融服务业务。

捷运公司正是在这种不断的变革创新中发展了自己，他们的管理者带领他们不断发现、选择更适应环境变化的业务方式，这不仅使公司在竞争中很好地生存下去，而且获得了很大的发展，也获得了更为广阔的发展空间，使公司从一家简单的运输公司发展成为如今这种企业规模，在市场竞争中奠定了地位。

因此，企业的管理者就要引领企业在不停发展变化的环境中保持一颗始终变革创新的心，只有坚持创新，坚持求变才能为企业带来持续的发展，才能让企业获得更有利的竞争地位，并在竞争中获胜。

英特尔总裁安德鲁·格罗夫说："作为一名管理者，最重要的职责就是时刻提防他人的袭击。"集中精力不断进行创新，防止他人在技术和市场上超过自己，给自己一种紧迫感，从而不断地改进技术，加快技术的更新换代；同时，以技术为依托，开发市场和新产品，从而占领更多的消费市场。这就是管理者作为这个系统的构建者和变革者所需要进行的工作。

英特尔公司是世界上创新力最旺盛的公司，其产品更新换代的速度之快令世人咂舌。在产品创新上，英特尔秉承着不断挑战自己的过去。挑战自己的成就，挑战自己的纪录这一理念，不断求新求变。英特尔的口号是："让对手永远跟着我们好了。"为了能够让所有的员工都了解公司的方向，以便集中力量进行创新，英特尔习惯于设定那种乍看起来让人觉得无法企及的"高目标"，然后再同相关的小组密切地进行讨论，找出合理的指标，并且对市场需求和公司资源做出合理的评估。英特尔公司的管理者认为，结果导向意味着英特尔强调积极的目标、具体的结果与产出，从而能够更加集中精力进行创新。而要让企业的每个成员了解团队的方向，必须要通过设定高目标，以量化的手法，务实地制定能实现的目标。

英特尔公司最显著的还是其在主动创新方面的"固执"，与其类似的是通用电气公司，一百年来通用电气成功的秘诀就是始终保持着公司创始人爱迪生的传统：创业与革新。到1931年爱迪生去世之时，公司已获得了1093项专利。此后几十年来，通用电气公司的继承人已将这一纪录扩大到了60000多项，其中约16000余项专利至今仍然有效。如今，通用电气公司仍然是美国每年获得专利最多的公司。通用电气公司的苏珊博士就很肯定地说："积极的态度是进行创新的最大特点。"

创新是一位管理者最重要的特质，同时也应是一个企业的本质特征。创新意识和能力的耐久性是一个判定管理者生命力的重要标准，管理者应该既是一个系统的构建者同时又是一个系统的变革者，要能时刻随着时间的变化而变化，否则就会被竞争所淘汰。

许多公司之所以能够创造出让世人为之瞩目的佳绩，就源于其管理者坚持不懈地追求创新理念，不断进行创新变革的举措。产品创新，企业不止，这是别无选择的生存之路。

8. 吉宁定理：创新就要不怕犯错

要义：真正的错误是害怕犯错误。

提出者：美国多布林咨询公司集团总裁吉宁

人非圣贤，孰能无过？人从小到大，从大到老，就是在不断犯错误、不断改正错误的过程中成长、成熟的。害怕犯错误，就会止步不前，而止步不前，又注定是一个更大的错误。有一位名叫帕斯夸尔列夫的歌唱家说过："歌唱的成功是站在一把长梯子的顶点，每一格都是重复的失败，我们要从失败上面攀登上去以达到成功。"不要担心犯错误，不要害怕失败。障碍和失败，是通往成功的两块最稳当的踏脚石。如果谁肯悉心研究它们、利用它们，谁就会受益无穷。

美国有家钻石天地公司，成立之初想开采钻石，由于地质勘探犯了一个错误，没找到钻石，却发现了世界上最大的镍矿；李维·斯劳特起初想开金矿发财，碰了壁，转而用帆布缝制矿工穿的裤子，现在李维斯牌的牛仔裤已风靡世界；如果爱迪生一直在公司里做职员，他也不会发明给全世界带来光明的电灯泡；哥伦布在开辟航道时要是不犯错误，他就不会发现美洲的新大陆，也就很可能没有今天的美国。

错误有时或许就是成功的开始，就拿美国的山德斯联合公司来说吧，该公司是新泽西州最大的工业企业，在美国的精密国防电子装备以及用于商业方面的电脑绘图等先进领域均居于领先地位。就是这样一个技术力量雄厚的公司，在投资商用电脑终端机时却遭到了失败。商用电脑终端机在当时是很具有吸引力的一项商业投资。20世纪末，山德斯联合公司决定生产用于预约业务及账务系统的商用电脑终端机。

这一项新的投资与它原来已经取得成功的雷达、电子组件及反潜战系统等业务大不相同。这项新的业务需要在消费者面前与像IBM

之类的大公司一决胜负。山德斯联合公司只长于为国防方面买主提供精致细密的高级产品，而商用产品的买主并不重视精密细致的优点，只注重使用方便，这就注定了山德斯联合公司要失败。后来山德斯公司又发展了电脑辅助设计和电脑辅助制造系统的终端机，结果都失败了。正如山德斯联合公司的董事长包尼斯所承认的："我们选择了错误的行业。"

经过几年的摸索之后，山德斯联合公司对自己的经营进行了认真的总结分析，找到了问题的症结所在，认为："我们所生产的终端机的确是再好不过了，但我们缺乏行销和服务技巧。我们的产品设计得虽然很好，但却已被别人抄袭仿冒，而外行的使用者却对我们的设计不感兴趣。"于是，山德斯公司又重新集中力量发展军事方面产品的业务，制造电子武器，如指挥与控制体系、海洋追踪监视系统以及电脑测试装备。而且在策略研究上用了两年时间，发展了一种新的商业产品——互动制图器，这与以前失败的商用电脑终端机的投资情况大不相同。山德斯联合公司以高科技战略，很快挤进电脑绘图器这一市场已经发育成熟的行业。到1984年，山德斯联合公司的新策略有了收获，制图器系列产品的营业额达到25500万美元，纯利润2500万美元；在国防电子产品方面，年销售收入接近5亿美元。

山德斯的成功足可以印证想成功就不要怕失败，只有经过一次次探索才能前进。经验是在摸索中积累的，有勇气的人才有机会触摸成功并抓住它。

在这个迅速变化的时代，最大的错误是墨守成规，而不是破旧出新。领导者必须以变应变，来适应迅速变化的环境，而创新能力也将成为企业的核心竞争力。

9. 底博农定理：创新不可求全责备

要义：要求事情在任何阶段任何时间万无一失，也许是产生新思想的最大障碍。

提出者：美国心理学家爱德华·底博农

大多美国企业的管理者都知道要想让员工敢于创新，就要先让创新者打消害怕失败、遭受惩罚的念头。这些管理者深知这样的道理：要想进行卓有成效的创新，就得进行不同形式的尝试，并在尝试中保留正确的东西，摒弃那些无效的东西。所以，要进行创新，首先必须建立起"失败后还有明天"的思维，创造更加自由宽松的人文环境，让"接受失败，容忍失败"成为一种普遍认同的文化。

奥蒂斯电梯公司就是这样一家典型的美国企业，它的总裁苏米特拉·杜塔就对员工宣扬这样的观点："放手去做你认为对的事，即使你犯了错误，也可以从中得到经验教训，不再犯同样的错误。"这样一来，企业的所有员工便可以放心大胆地去探索、实验、发挥创意，为企业做出一番贡献。

苏米特拉·杜塔经常鼓励下属，他说："如果我们只知道执行上司认为对的事情，这个世界永远也不会加速进步。"他要求公司的每一个主管必须鼓励和培养员工的创造力和毅力。"年轻人总是有些创意的，主管不应该只懂得向他们填塞那些现成的观念，这样可能会扼杀不少本来很好的创意。"苏米特拉·杜塔还认为，企业不宜将员工的职责范围定得太细、太清楚，这样既不聪明，也没有必要。只有管理者把所有员工视为一家人，员工才会安心自觉地做好力所能及的事。否则，只会限制员工的创意和灵感的发挥，损伤其创造力。在奥蒂斯电梯公司，是不允许责罚犯错的员工的，解决问题的关键是找出犯错的原因，而不是惩罚犯错误的人。

有一位公司的总裁曾经对苏米特拉·杜塔抱怨说，公司里有时会出点差错，但又找不出该负责任的员工，真不知为什么。苏米特拉·杜塔赶紧回答，找不出是好事，如果真找出那位员工，可能就会影响其他员工。他说："任何人都可能犯错误，我也犯过错误。例如，我们奥蒂斯系统是一种领先于时代的产品，虽然这是一种革命性的电梯系统，但是公司进入市场的时机却不恰当。本来我们奥蒂斯系统最适合于超高层建筑，但正好在亚洲金融危机前的几个月推入了市场，几周后这一世界上最大的、最有生机的新摩天大楼市场就崩溃了。我的决策出现了失误。"他继续说，"谁也免不了犯错误，尤其是在创新过程中更是如此，但是从长远来看，这些错误也不至于动摇整个公司。错误也许不可原谅，但是犯错的人却是可以原谅的，如果一个员工因犯错误而被剥夺升迁机会，也许就此一蹶不振，谁还愿意为公司做更大贡献呢？假使犯错误的原因找出来了，公之于众，无论是犯错误还是没犯错误的人，都会牢记在心的。"

在苏米特拉·杜塔的奥蒂斯电梯公司，所有员工都勇敢创新不怕犯错，因为他是这样告诉他的员工的："员工犯点错误不奇怪，我们应该像对待小孩犯错误一样，要帮助他而不是抛弃他。特别要耐心找出犯错误的原因，避免大家再次犯相同错误。在我多年的领导生涯中，还真找不出几个因犯错误而被开除的人呢！"

这个世界就是如此，很多东西是无法预料的，失败和错误更是创新过程中的有机组成部分。管理者要想得到正确的东西，就要在不断失败的尝试中寻找，就像3M公司的那句名言："为了发现王子，你必须与无数个青蛙接吻。"吻到青蛙并不是坏事，最糟糕的是员工不敢采取任何实质性的创新行动。因为如果没有那些失败的经验，就不可能获得创新的成功，这是颠无不破的真理。因此，企业只有建立一种鼓励创新，允许失败的企业文化，员工才会积极主动地进行创新，参与到创新工作中来。

事实上，真正成功的新构思背后是成千上万个失败的创意，但是这种失败对企业并不是有害无利的，实际上失败可能正是下一轮创新的发力点。因此，只有允许失败才能真正鼓励创新，否则一切都是空谈。既然创新过程中无法绕开失败，要想"在失败中前进"，必须克服对失败的恐惧，如何才能克服创新过程中产生的失败恐惧心理呢？

（1）要公开支持失败

要想及时做成任何一件新鲜事，都必须对失败给予公开的有力支持——不只是支持"有意义的试验"，而且要公开支持失败本身，要公开谈论失败。

（2）要奖励失败

奖励那些最有意思、最富创造性、最有用处的失败，可以用一些富有幽默感和玩笑意味的实物来奖励，如弯曲的高尔夫球杆、两辆汽车撞在一起的模型。企业可以要求经理人定期这样奖励下属，甚至也可以每年举行一次"遗憾者宴会"，以激发下属创新的积极性。

（3）设立失败专用基金

当代社会是一个科技高速革新的时代，要想在市场中占有一席之地，及时、迅速的技术创新当然不能迟到。为了解决研发人员"摔跟头"的后顾之忧，企业可以设立科技风险基金，新项目研发成功赢利后返还研发经费，失败则经费由基金承担，研发人员就可以放手大干了。

总之，创新的过程实际上就是一个不断试错的过程。世界上最清白、立得最直的是石头雕成的人，但它永远不会做事情。敢为人先、敢吃"螃蟹"的创新者，是崎岖道路上的跋涉者，是走向高峰的攀登者，而失败恰恰是其迈向成功的阶梯。一个不能宽容失败的企业，不可能有真正的成功。

鼓励自由创新，宽容创新失败，是检验一个企业是不是有创新勇气的试金石。当创新者有所失误、有所失败之时，企业理应提供一种宽容的氛围，鼓励他们在前进的征途上，以志气和胆识创造造福时代的辉煌业绩，用锐气和豪气写就排除万难的绚丽篇章。

10. 哈特利论断：仿效不等于照搬

要义：仿效并不意味着制造与别人完全相同的产品。

提出者：法国管理学家R·F·哈特利

"创新者生，墨守者死。"事物是发展变化的，只有变化才能生存，也只有跟上时代的变化才能求得发展。要有变化就需要创新。

蒙牛就是一个采取反"常"策略发展壮大起来的国内知名企业。1999年，在内蒙古草原上一片荒地中第一次竖起了蒙牛的旗帜。短短的6年时间，蒙牛以"蒙牛速度"和"蒙牛奇迹"摇身一变，成为举世瞩目的中国乳业顶级品牌。它是如何以如此之快的速度使得尽人皆知，又是怎样在强大的竞争对手的压力之下跻身全国乳业前列的呢？原来，蒙牛深知"借势"的作用，在自己很弱小时就站在巨人的肩膀上树立了超越的目标。

最初的蒙牛是一个名不见经传的小企业，钱少、名小、势薄，更为残酷的是，蒙牛与伊利同城而居。在狮子鼻尖下游走，在巨人脚底下起舞，在鲁班门前耍大斧，行吗？事物总有两面性，伊利既是强大的竞争对手，同时也是蒙牛学习的榜样。伊利不正为蒙牛提供了后发优势吗？好，那就直接站在巨人的肩膀上，可以看得更远。于是，蒙牛的借势之作腾空而起，创内蒙古乳业第二品牌。

内蒙古乳业的第一品牌是伊利，这是世人皆知的，可是，内蒙古乳业的第二品牌是谁？没人知道。蒙牛一出世就提出创"第二品牌"，这等于把所有其他竞争对手都甩到了身后，一起步就跨到了第二名的位置。目标明确了，创意也出来了，如何用最少的钱传播出最大的效应呢？

经过详细的考察和比较分析后，孙先红认为在呼和浩特花同样的钱，路牌广告的效果比电视广告还要好。当时在呼市经营路牌广告的益维公司，大量资源处于闲置状态，没人认识到这是一块宝贵的广告资源。

孙先红就用"马太效应"策动益维负责人：你的牌子长时间没人上广告，就会无限期地荒下去，小荒会引起大荒；如果蒙牛铺天盖地做上三个月，就会有人认识到它的价值，一人买引得百人购。所以，我们大批量用你的媒体，其实也是在为你做广告，你只收工本费就会成为大赢家。

结果，蒙牛只用成本价，就购得了300多块路牌广告的发布权，发布期限为三个月。媒体有了，怎么发布？用红色！因为红色代表喜庆，红色最惹眼、最醒目。不能陆陆续续上，必须一觉醒来，满大街都是。不鸣则已，一鸣惊人。

1999年4月1日这一天，人们一觉醒来，突然发现所有主街道都戴上了"红帽子"，道路两旁冒出一排排的红色路牌广告，上面高书金黄大字："蒙牛乳业，创内蒙古乳业第二品牌！"并注："发展乳品工业，振兴内蒙古经济。"

一石击起千层浪，夺目的广告牌吸引了无数探寻的眼睛，满大街流转着不约而同的话题："蒙牛"是哪家企业？以前怎么没听说过？工厂在哪儿？这"第二品牌"，是吹牛还是真有这么大的本事？……这样一来，人们认识蒙牛了。

蒙牛能够做到在短时间让人认识、了解，最终认同它的理念，不仅仅是由于强大而巧妙的广告攻势，更得益于蒙牛向乳业巨人伊利的借势。如果没有伊利的"第一"，蒙牛也就无从想出"第二"。我们可以看到，蒙牛整个造势过程，都是以伊利为标杆的，无论是以蒙牛的"前辈"，还是以竞争对手的身份出现，重要的是最终蒙牛高高地站在了伊利这个巨人的肩膀上红了起来。（摘自《品孙子兵法学管理》）

"战胜不复"用于管理上，就是每次经营竞争成功，都不是重复老一套，而是适应着市场发展，不断变换自己的对策方略。

《草庐经略》上说："虚实在我，贵我能误敌。"兵法上有"实则虚之"的谋略，然而，这都没有一定的规范，关键要看决策者的胆识和悟性。兵者，"诡道"也，所谓"诡"和"谲"之类的词语，在兵家那里是没有褒义和贬义之分的，这类词的意思无非就是一个，那就是变化。谁能变化得宜，谁就会取得胜利。在军事上，与其说是斗勇，不如说是斗智。而智，就是变化。所以我们要善变，不可拘泥一格，否则就无法有所创新。

企业要做大做强，就必须懂得变化，这就要采取反"常"的策略才能在任何环境中都立于不败之地。

第七章
团队管理法则

　　团队合作往往能激发出不可思议的潜力，集体的力量是无穷无尽的。比尔·盖茨说："团队合作是企业成功的保证，不重视团队合作的企业是无法取得成功的。"建设一支有凝聚力的团队，已是现代企业生存发展的一个基本条件。

1. 史提尔定律：合作的力量

要义：合作是一切团体繁荣的根本。

提出者：英国前自由党领袖D·史提尔

管理学家彼得·德鲁克曾说："现代企业不仅仅是老板和下属的企业，而应该是一个团队。"松下幸之助也曾经说过"管理企业就是管理人"。所以企业之间的竞争，说到底就是人的竞争。作为一个领导，如果只是"我要成功"，将会越来越不能适应当前日渐激烈的商战；只有强调"我们要成功"，才能使企业立于不败之地。

众所周知，通用电气的杰克·韦尔奇是全世界薪水最高的首席执行官（CEO），被誉为全球第一CEO。1981年韦尔奇入主通用电气后，在短短20年时间里，使通用电气的市值增长了30多倍，达到了4500亿美元，排名从世界第十位提升到第二位。就是这样一位商界泰斗，在他的《杰克·韦尔奇传》"作者的话"中这样写道："我承认，我讨厌不得不使用第一人称的情况，因为我一生中所做过的几乎每一件事情都是与他人一起合作完成的。然而，你要写一本这样的书，却必须使用'我'来进行描述，尽管实际上它是应该由'我们'来承担的。所以，请读者们注意，你们在书中的每一页看到'我'这个字的时候，请将它理解为我所有的同事和朋友，以及那些我可能遗漏的人们。"

从韦尔奇坦诚的告白中不难看出，一个企业不是仅仅只有高层那几个灵魂人物就能成就伟业，也需要形成强有力的中层团队，更需要普通员工的团队精神。

　　一家小有名气的公司招聘高层管理人员，9名优秀应聘者经过初试，从上百人中脱颖而出，闯入了由公司老板亲自把关的复试。

　　老板看过这9个人的详细资料和初试成绩后，相当满意，但此次招聘只有3个工作岗位，所以老板给大家出了最后一道题。

　　老板把这9个人随机分成3个小组，指定甲组去调查婴儿用品市场，乙组调查妇女用品市场，丙组调查老年用品市场。为了避免他们盲目开展调查，老板还给每人准备了一份相关行业的资料。

　　两天后，9个人都把自己的市场分析报告送到了老板那里。老板看完后，走向丙组的3个人，向他们恭喜道："你们已经被本公司录用了。"

　　看着另外6个人大惑不解的表情，老板呵呵一笑说："我给各位的资料都不一样，甲组的3个人得到的分别是婴儿用品市场过去、现在和将来的分析，其他两组的也类似。但丙组的人最聪明，互相借用了对方的资料，补全了自己的分析报告。而甲、乙两组的人却分别行事，抛开队友，自己做自己的。"此时，被淘汰的6个人才明白，老板考核最后一道题的目的是想看看大家有没有团队合作意识。甲、乙两组失败了，原因在于他们没有合作，忽视队友的存在。要知道，团队合作精神才是现代企业成功的保障。

团队精神就是一个人与别人合作的精神和能力，是一种职业精神。在社会分工越来越细的今天，合作已经是天经地义的事了，也是公司发展的必要前提。俗话说：人多力量大，这是真理。我们要独立完成一件工作已经是一件吃力不讨好的事情了，现在有许多事通过团队合作就能轻而易举地解决。团队还会帮助你渡过最艰难的时候，帮助你解决危险。

就拿马来说吧。马是群居动物，它们有狼一样的团队合作意识和团队精神。它们知道如果马群不紧密地团结在一起，它们就很可能成为狼群的食物。每当有食肉动物来袭击时，成年的强壮的马就会头朝里、尾巴朝外，自动围成一圈，把弱小的和衰弱的马围在中间。只要敌人一靠近，外围的马就会扬起后蹄去踢敌人。一旦被马踢到，即使不死也会受重伤，所以很少有食肉动物愿意去袭击马群，即使是最具有合作意识的狼群。

比较之下，食肉动物们就更喜欢把灵巧的羚羊作为捕食对象。羚羊没有互相协作保护成员的团队精神，当遇到敌人袭击时，羚羊群就会四散逃跑。分散开的羚羊即使跑得再快，也逃不过敌人的围追堵截，最终成为敌人的美餐。团队精神让马群得以生存，而羚羊之所以成为野兽的食物，则是因为它们缺少团队精神。

你是一滴水，只有融入大海之中才不会干涸；你是一棵树，只有在大森林里才能卓越成长；你是一只大雁，只有在雁群里才会飞到目的地。把自己融入团队之中去，不要孤立自己，不要为了眼前的一丝小利而脱离团队。要知道你只有借助团队，才能得到更好的发展，团队就是你成功的梯子和垫脚石，是最佳的成功之道。

2. 巴得斯法则：团队应形成融洽的气氛

要义：与自由交换意见相结合的、随意的气氛，是调动群体潜力的必要条件。

提出者：英国组织行为学家D·A·巴得斯

"团结就是力量"这句话，被现代中国人说得多了，有人便认为此话俗了，其实它包含着颠扑不破的真理。为什么"人和"具有如此之大的功效呢？道理很简单：四匹马拉一辆车，要是朝一个方向用力，就会顺利地到达目的地。如果四匹马各朝一个方向用力，就难以使车轮转动。

一个组织在生存发展的过程中，必然要协调两种关系：一是组织与外部环境的关系（即如何适应环境）；二是组织内部的关系。协调内部关系是协调组织与外部关系的基础。组织内部关系有两类，即人与人的关系和人与物的关系。其中人与人的关系占据主导地位，这一关系处理得好，对处理好人与物的关系有着保障作用。

所谓"人和"有两层含义：其一，团结一心，感情融洽；其二，配合默契，协调动作。这也是组织内人与人关系协调的两个重要标志。也可以说，人和就是人与人关系的协调。

松下公司的电器产品在世界市场上闻名遐迩，被企业界誉为"经营之神"的公司创始人松下幸之助，也因畅销书《松下的秘密》而名扬全球，倍受崇拜。现在，松下电器公司已被列入世界50家最大公司的排名之中。1990年由日本1500多名专家组织评选的该年度日本"综合经营管理最佳"的15个公司，其中松下电器公司名列榜首。

松下电器公司获得成功的一个重要因素是"精神价值观"在起作用。松下幸之助规定公司的活动原则是："认清实业家的责任，鼓励进步，促进全社会的福利，致力于世界文化的繁荣发展。"松下先生给全体员工规定的经营信条是："进步和发展只能通过公司每个人的共同努力和协力合作才能实现。"进而，松下幸之助还提出了"产业报国、光明正大、友善一致、奋斗向上、礼节谦让、顺应同化、感激报恩"等七方面内容构成的"松下精神"。

在日常管理活动中，公司非常重视对广大员工进行"松下精神"的宣传教育。每天上午八时，松下公司遍布各地的87000多名职工都在背诵企业的信条，放声高唱《松下之歌》。松下电器公司是日本第一家有精神价值观和公司之歌的企业。在解释"松下精神"时，松下幸之助有一句名言：如果你犯了一个诚实的错误，公司是会宽恕你的，把它作为一笔学费；而你背离了公司的价值规范，就会受到严厉的批评，直至解雇。正是这种精神价值观的作用，使得松下公司这样一个机构繁杂、人员众多的企业产生了强劲的内聚力和向心力。

与此同时，松下电器公司建立的"提案奖金制度"也是很有特色的。公司不仅积极鼓励职工随时向公司提建议，而由职工选举成立了一个推动提供建议的委员会。在公司职员中广为号召，收到了良好的效果。仅1985年1～10月间，公司下属的技术工厂虽只有1500名职工，提案却多达7万5千多个，平均每人50多个。1986年，全公司职工一共提出了663475个提案建议，其中被采纳的多达61299个，约占全部提案的10%。公司对每一项提案都予以认真的对待，及时、全面、公正地组织专家进行评审，按其价值大小、可行性与否，给予不同形式的奖励。即使有些提案不被采纳，公司仍然要给予适当的奖赏。仅1986年，松下电器公司用于奖励职员提案的奖金就高达30多万美元。正如松下电器公司劳工关系处处长阿苏津所说："即使我们不公开提倡，各类提案仍会源源而来，我们的职工随时随地在家里、在火车上，甚至在厕所里都在思索提案。"

松下幸之助经过常年观察研究后发现：按时计酬的职员仅能发挥工作效能的20%~30%，而如果受到充分激励则可发挥80%~90%。于是松下先生十分强调"人情味"管理，学会合理的"感情投资"和"感情激励"，即拍肩膀、送红包、请吃饭。

值得一提的是他们的"送红包"。当你完成一项重大技术革新，当你的一条建议为企业带来重大效益的时候，老板会不惜代价地重赏你。他们习惯于用信封装上钱款，私下送给你。对员工来说，这样做可以避免别人，尤其是一些"多事之徒"不必要的斤斤计较，减少因奖金多寡而滋事的可能。

至于逢年过节、厂庆，或是职工婚嫁，厂长经理们都会慷慨解囊，请员工赴宴或上门贺喜、慰问。在餐桌上，上级和下属可尽情唠家常、谈时事、提建议，气氛和睦融洽，效果远比站在讲台上向员工发号施令好得多。

为了消除内耗，减轻员工的精神压力，松下公司公共关系部还专门开辟了一间"出气室"。里面摆着公司大大小小行政人员与管理人员的橡皮塑像，旁边还放上几根木棒、铁棍。假如哪位职工对自己某位主管不满，心有怨气，你可以随时来到这里，对着他的塑像拳脚相加棒打一顿，以解心中积郁的闷气。过后，有关人员还会找你谈心聊天，沟通思想，给你排忧解惑。久而久之，在松下公司就形成了上下一心、和谐相容的"家庭式"氛围。

亲睦和谐的小气候的形成，受制于多种因素，其中，居于组织核心地位的管理者的主观努力，起着关键的决定性作用。

（1）组织成员要有明确的、相同的价值观念

共同的理想和追求，是组织成员团结协作的思想基础。如果忽视了这一点，只寻求性格一致、脾气相投，这样的和谐是低层次的、不可靠的。只有具备明确的、相同的价值观念，人们才能在较高层次上求同存异，这样的和谐才有价值。

自20世纪80年代初开始，企业文化热风靡了世界管理舞台，特别是在发达国家，许多企业纷纷将自己的追求用简练概括的语句表述出来，冠以"企业哲学""企业精神"的名目，并力求在员工中达成共识。如松下公司追求"专一、迅速、集体观念和社会责任"；比利时莫尔汽车集团坚持"专业化、质量、灵活和满足需要"。实践证明，这种明确化了的价值观念，在凝聚力量、统一思想和行动方面都起到了重要作用。

（2）广布爱心于组织之中

在组织内部上下左右广泛地沟通感情，互相爱护、互相帮助，彼此成为知己，这样做的效果在于能够一呼百应，形成凝聚力。

日本索尼公司很注重用亲情感化职工，公司内的领班、工长每天早晨用五分钟时间开个短会，与当班工人会面。发现谁的脸色不好或情绪低落，总要问清原因，职工若存在某些困难，公司都设法帮助解决，这种做法极大地调动了员工努力工作的积极性。

（3）善于化解组织成员间的矛盾

组织成员越多，越容易产生矛盾，大家在一个集体里工作，难免磕磕碰碰。作为管理者，要做好疏导工作，使组织成员经常保持团结。

（4）注意抑制组织内部派系的消极影响

现代社会组织内部，普遍存在着非正式的派别关系，如同学、同乡、师生、亲戚等，管理者也应从刘备身上吸取经验教训，注重对派别行为进行引导，使之发挥积极作用，抑制消极影响，以维护组织统一的亲睦和谐与团结一致。

（5）注重个体间的协调与配合

如同一个人的肌体，只有身首四肢各安其位，才能行卧自如。一个组织，在所有成员团结一致的基础上，也应当进行科学的分工，使组织成员各就其位、各展所长，从事各自能够胜任并有兴趣的工作。互相协作，彼此配合，才会充分地发挥其长处。

当然，创造亲睦和谐的小气候绝不是说在组织内只求一团和气而不讲原则，不要规章制度。如此，则组织内个体的行为就失去约束，便会随心所欲、为所欲为而导致组织内部一盘散沙，个体也就失去了为实现组织统一目标的意志力和战斗力。组织内部团结一致、左右亲和，有益于员工的身心健康，便于工作积极性的发挥，产生高昂士气。否则，上下异心、左右矛盾、内耗增大、士气低落，员工的积极性无法发挥。

要实现上下目标统一一致，从根本上讲，就是上下的利益必须一致，没有共同的利益，仅仅依靠空洞的说教，充其量只能是貌合神离。

在西班牙的巴利阿里群岛上，法国人曾开办了一个多国服务公司，经营多年，却最终因囊空如洗，不得不撤离该岛。后来，那些饭馆、饭店、酒吧间的工作人员自己组织了一个合作社，合作社的主任既是领导者，又是端盘上菜的堂倌。按规定，领导者最高工资不得超过清扫工的一倍半，大家利益一致，工作十分卖力，生意非常兴隆，一年赚取了7000比塞塔。合作社上交的税金是西班牙同行的两倍，每个职员除了领取工资以外，年终还得到了巨额奖金。

受中国传统文化影响很深的日本，更注重中国传统的"和为贵"。日本许多公司把"和睦精神"当作公司的宗旨。为了加强员工对企业的归属感，许多日本企业实行"终身雇佣"制，使职工与所在企业的命运紧密相连，工人怕企业倒闭使自己失业而拼命地干。与"终身制"相似的是"年功序列工资制"，工资一半取决于工龄，另一半取决于技能和对企业的贡献，从而强化了员工对企业的认同感。

3. 皮尔·卡丹定理: 组合失当丧失整体优势

要义: 在用人上一加一不等于二, 搞不好等于零。

提出者: 法国著名企业家皮尔·卡丹

在一个组织中, 人才之间最好形成相互补充的关系, 包括才能互补、知识互补、性格互补、年龄互补、性别互补和综合互补。这样的人才结构, 在科学上常需"通才"领导, 使每个人才因素各得其位, 各展其能, 从而和谐地组合在一个"大型乐队"之中。

对于那些熟悉美国太阳微系统公司 (Sun) 的人来说, 将这个公司的名字和斯科特·迈克尼利联系在一起是一件理所应当的事情, 但这位CEO自己最反对强调他个人的作用。Sun的CEO劳瑞·艾力森说: "斯科特所做的事情之一就是用一些极佳的人选来弥补他的领导缺陷, 围绕在他身边的不是一群唯唯诺诺之辈。"

迈克尼利旗下的精英们对Sun的大小决策都有发表意见的机会。迈克尼利本人非常看重大家的意见, 即便是他本人与大家的看法正好相反时也依然如此。1987年, 迈克尼利反对靠提高价格来冲抵不断攀升的成本, 但最后还是按照大多数人的意见, 将价格进行了调整。

迈克尼利的同胞兄弟将他的这一特点归于他们的家庭环境。他们的父亲在家中实行的就是"集体领导"。人们往往认为，征求大家的意见会造成时间上的拖延，但Sun成功地避开了这个陷阱。1987年从苹果计算机公司转到Sun的财务总监杰斯夫·格瑞兹诺说："这里的决策过程比我工作过的任何地方都要快，甚至比苹果公司还要快。"

像任何一个非常成功的CEO一样，迈克尼利靠培养和协调各种高层人才来壮大公司的人才队伍。在Sun，两个完全不同类型的人为公司做出了不可或缺的贡献，他们是总经理爱德·扎德和首席技术专家比尔·乔伊。

扎德可能是在Sun的执行官中唯一能在体育比赛中与迈克尼利相比的人。

扎德是希腊和波兰移民的儿子，在纽约布鲁克林区这个大熔炉里长大。在这个区里孩子们要么学会打架，要么盼望能尽快搬到郊区去住。扎德的父母在他12岁时真的搬到郊区，这对这个不好管束的孩子来说，算是一种调教。

扎德的朋友给他起了"快爱德"这个绰号，因为他们觉得他充满了活力、智慧和不懈的竞争意识。这些特点是他和迈克尼利共有的。正因为如此，迈克尼利不惜花6年时间将扎德从阿波罗公司撬来。在许多方面，他又和迈克尼利很不一样，《福布斯》的丹尼尔·李扬说："他（扎德）保持低调、心思缜密、有节制，而迈克尼利则好张扬、透明、做事无规律。"

迈克尼利"定下目标"后，由扎德去具体实施。Sun的首席财政官麦克·莱曼也有类似的评价："斯科特有远见、有领导才能，他很善谈。爱德·扎德则好一些，谈得较多的是客户、市场和直接的机遇。"

迈克尼利简短地总结了这种不同："我更关注长期，爱德更关注短期。"

研究表明，一个领导班子中，最好有一个直觉型的人作为天才军师，有一个思考型的人设计和监督管理工作，有一个情感型的人提供联络和培养职员的责任感，并且最好还有一名冲动型的人实施某些突发的任务。这种互补定律得到的结果是整体大于部分之和，从而实现人才分配的最优化。

人才结构中的平衡互补原则，在现代企业的经营管理中起着越来越重要的作用，了解了人才结构中的互补定律后，能更好地用人。

用人除了要了解人才的才能互补、知识互补外，还应了解人才中的个性互补。无论在哪一个人才结构里，人才因素之间都存在着个性差异，每个人才的气质、性格都各有不同。例如，有的人脾气急，有的人脾气缓；有的人做事细致、耐心；有的人办事麻利、迅速。这些不同的个性特征，都可以从不同角度对工作产生积极作用。如果每个人才都是一种性格、一种气质，工作反而难以做好。例如，全是急性子的人在一起，就容易发生争吵、纠纷。这和物理学上的"同性相斥"现象极为相似。个性互补，有利于把工作做好，中国女排的崛起就是个鲜明的例子。原女排教练袁伟民是这样总结的："一个队十几个队员应该有各自的个性，这个队打起比赛来才有声有色。如果把他们的棱角都磨光了，那这个队也就没有希望了。"这话讲得非常有道理。一般而论，人才都有着鲜明的个性特性，如果抹杀了他们的个性特征，就等于抹杀了人才，只有把他们组织在一个具有互补作用的团队中，才能充分发挥他们的作用。

另一方面，还要注意其中的年龄互补。老年人、中年人、青年人各有各的长处和短处，这不管从人的生理特点还是从成才有利因素来讲，大都如此。因此，一个科学的人才结构，需要有一个比较合理的人才年龄结构，从而使得这个人才结构保持创造性活力。明朝开国皇帝朱元璋取得政权后的用人方针就是"老少参用"。他是这样认为的："十年之后，老者休致，而少者已熟于事。如此则人才不乏，而官吏使得人。"朱元璋的这一用人方针是从执政人才的连续性、后继有人的问题考虑。其实，它还有更高一层的理论意义，老少互补对做好工作，包括拓展思路、处事稳妥、高效率等都意义深远。

性别互补也非常重要。物理学上有条规则："同性相斥，异性相吸。"男女都需异性朋友。人们只要与异性一起做事就格外起劲，也就是人们常说的"男女搭配，干活不累"。这种情形并非恋爱的情感，或者寻觅结婚对象，而是在同一办公室中，如果掺杂异性，彼此性情在不知不觉中就会调和许多。

现在越来越多的人都认识到，办公室内若有异性存在，就可松弛神经、调节情绪。男女混合编制，不但能提高工作效率，也可成为人际关系的润滑剂，起到缓和冲突的作用。但是，男女混合编制要掌握一定的平衡规则。在众多男性中只掺杂一位女性，或者许多女性中只有一位男性，这样做也是不妥的。有效的男女编制至少应达1：5以上的比例，彼此年龄能够相仿，因为年龄悬殊，可能会形成代沟，无法达到互补的作用。

工作上不可能有男女混合编制时，应经常举办康乐活动或联谊团体活动，增加男女交往机会。公司方面也不妨鼓励员工多参加公司以外的活动，总的说来，对公司是裨益良多的。

平衡互补的用人之道在现代企业管理中，地位越来越重要。企业规模越大，越需要在其人才结构中体现这一原则。

4. 艾德华定理：有信任才有合作

要义：高级主管如果不能互相信任，任何集体领导都不会有好的结果。

提出者：英国BL有限公司前总裁M·艾德华

信任是资本，也是一种财富，公司治理效率提高的关键是信任关系的构建。如何既能赋予经理人足够的自主权，又能让经理人为股东的利益服务呢？相关利益者之间信任关系的构建是非常重要的。在剖析"东风"成功的原因时，东风汽车集团总经理苗圩深有感触地说："东风和日产合作，大家把钱拿到一起，共同经营一个企业，首先要建立起一个互相信任的关系。"其次，职业经理人的信用，即为股东赚钱和增值资产是职业经理人职业道德的基本体现，而不应滥用控制权，更不应"监守自盗"。华润集团总经理高宁说得好："经理人的职业来自信任和委托，别人的钱财，你来看管，你来点算，这首先要有一种态度，不要把经理人与所有人搞混了，我们心里先得舒舒服服地把职业认下来。"最后是老板对经营队伍的信任。疑人不用、用人不疑是老祖宗传下来的用人之道，东软集团的老板就深信这一点。他指出："当你充分信任一个人，就让这个人带领一支队伍，给他权力。"

在沃尔玛，每一个经理人都用上了镌有"我们信任我们的员工"字样的纽扣。在该公司，员工包括最基层的店员都被称为合伙人，同事之间因信任而进入志同道合的合作境界。最好的主意来自这些合伙人，而把每个创意推向成功的，也是这些受到信任的合伙人。这正是沃尔玛从一家小公司一举发展成为美国最大的零售连锁集团的秘诀之一。在软件大国爱尔兰，各软件公司都变控制管理为信任管理，公司对员工更多地提供价值观的满足而非单纯的薪酬满足。这两个例子都启示我们，要搞好现代企业，必须注重人力资源的合理开发，要把信任作为企业最好的投资。信任是有效合作的基础，是未来管理文化的核心，代表了先进企业的发展方向。

日本的松下幸之助说："用他，就要信任他；不信任他，就不要用他。"松下幸之助是这么说，也是这么做的。

　　1926年，松下电器公司首先在金泽市设立了营业所。金泽这个地方，松下从没去过。但是经过多方面的考察，觉得无论如何必须在金泽成立一个营业所。这时候发现了一个问题，就是到底应该派谁主持工作呢？谁最合适？有能力去主持这个新营业所的高级主管，为数倒不少，但是，这些老资格的人却必须留在总公司工作。这些人如果离开总公司，那么总公司的业务势必受到影响，所以，不能把他们派往金泽。这个问题应该怎么解决呢？

这时候，松下忽然想起一个年轻的业务员，这个人刚满 20 岁。如果说年轻这一点是问题——不错，的确是个问题，但是，他认为不可能因为年轻就做不好。

于是，松下决定委派这个年轻的业务员担任金泽营业所的负责人。松下把他找来，对他说："这次公司决定，在金泽设立一个营业所，我希望你去主持。现在你就立刻去金泽，找个合适的地方，租下房子，设立一个营业所。我先准备了300元资金，你拿去进行这项工作好了。"

听了松下这番话，这个年轻的业务员大吃一惊。他惊讶地说："这么重要的职务，我恐怕不能胜任。我进入公司还不到两年，等于只是个新进的小职员。年纪也才20出头，又没有什么经验……"他脸上的表情好像有些不安。进入公司才迈入第二年的一个小职员突然奉命在金泽设立一个营业所，也难怪他会感到困惑。可是松下对他有信赖感，所以，松下几乎以命令的口吻对他说："你没有做不到的事，你一定能够做到的。想想看战国时代，像另藤清正、福岛正则这些武将，都在十几岁的时候就非常活跃了。他们都在年轻的时候就拥有自己的城堡，统率部下，治理领地。明治维新的志士们不都也是年轻人吗？他们在国家艰难的时候挺身而出，建立了新的日本。你已经超过

20岁了，不可能做不到。放心，你可以做到的。"松下说了很多鼓励的话。过了一会儿，这个年轻的职员便断然地说："我明白了，让我去做吧。承蒙您给我这个机会，实在光荣之至，我会好好地去干。"他脸上的神色和刚才判若两人，显出很感激的样子。所以松下也高兴地说："好，那就请你好好去做。"就这样，松下派遣他到金泽。

这个年轻职员一到金泽，立即展开活动。他几乎每天都写信给松下。

他在信中告诉金泽，正在寻找可以做生意的房子，然后又写信说房子已经找到……他把进展情形一一写信告诉松下。没过多久，筹备工作就已经就绪了，于是松下又从大阪派去两三个职员，开设了营业所。

由此可以看出，信任能给管理者带来一系列益处：

信任可以增强下属的责任感。作为管理者，只有对下属充分地信任，以信任感激发下属的使命感，让下属更加自觉地认识到自己工作的重要性，在工作中尽职尽责。

信任可以增强下属的主动进取精神。《寻求优势》一书中有这样一句话："实际上，没有什么东西比感到人们需要自己更能激发热情。"信任就意味着放权，管理者因信任下属，也就敢于放权，下属得到了工作的主动权，就能放开手脚，积极大胆地进行工作，有所发明、有所创造。

信任可以留住人才。组织与组织之间的人员流动是正常的和不可避免的，但人才的流失，对组织是有害的。信任是管理者的良好品格，会像磁石一样吸引住人才；猜忌、多疑则是一种病态心理，最容易导致人才的流失。充分信任下属的管理者，无疑地也会被下属所信任，并能给人以纯朴敦厚，可亲可敬的感觉。凡事从大处着眼，对下属不斤斤计较，尊重下属，下属才能全力以赴为组织效力。

信任是一种复杂的社会与心理诉求。信任是合作的开始，也是企业管理的基石。一个不能相互信任的团队，是一支没有凝聚力的团队，是一支没有战斗力的团队。

失去了信任，管理就成了无源之水，就成了无本之木。没有哪一个经理人希望员工背叛公司，但是员工的忠诚是用信任打造出来的。只有真心才能换来诚心，这份真心就是经理人对员工的信任。信任你的团队，信任你的员工，是企业管理成功的第一步。

5. 沟通的位差效应：平等造就信任

要义：平等交流是企业有效沟通的保证。

提出者：美国加利福尼亚州立大学

放下架子是领导与下属缩短距离的前提条件。一个领导者如果卖弄权势，那么他就等于在出卖自己的无知；领导卖弄富有，等于出卖自己的人格。摆架子的人，不仅领导关系搞不好，群众关系也搞不好。

作为领导，很容易产生高高在上的感觉，通俗说就是"拿架子"。拿架子是没有好处的，对下属而言，领导本来位置就高高在上，具有一种相对优越性，如果领导不注意自己的"架子"问题，凛然一副高高在上、神圣不可侵犯的姿态，势必在自己与下属之间划出一条鸿沟，切断与下属进行感情交流和沟通的纽带，拉远了上下级之间的距离，更不可能引起下属的心灵共鸣。当权者放下身架，制造祥和氛围，才是建立稳定关系的前提。

作为索尼的缔造者和最高首脑，盛田昭夫具有非凡的亲和力，他喜欢和员工接触，经常到各个下属单位了解具体情况，争取和员工直接沟通。稍有闲暇，他就到下属工厂或分店转一转，找机会多接触一些员工。他希望所有的经理都能抽出时间离开办公室，到员工中间去认识、了解每一位员工，倾听他们的意见，调整部门的工作，使员工在一个轻松、透明的工作环境中愉快工作。

有一次，盛田昭夫在东京办事，看时间有富余，就来到一家挂着"索尼旅行服务社"招牌的小店，对员工自我介绍说："我来这里打个招呼，相信你们在电视或报纸上见过我，今天让你们看一看我的庐山真面目。"一句话逗得大家哈哈大笑。气氛一下由紧张变得轻松，盛田昭夫趁机四处看一看，并和员工随意攀谈家常，有说有笑，气氛既融洽又温馨，盛田昭夫和员工一样，沉浸在一片欢乐之中，并为自己是索尼公司的一员而倍感自豪。

还有一次，盛田昭夫在美国加州的帕洛奥图市看望索尼公司的一家下属研究机构，负责经理是一位美国人，他提出想和盛田昭夫合几张影，不知行不行。盛田昭夫欣然应许，并说想合影的都可以过来，结果短短一个小时，盛田昭夫和三四十位员工全部合了影，大家心满意足，喜气洋洋。末了，盛田昭夫还对这位美籍经理说："你这样做很对，你真正了解索尼公司，索尼公司本来就是一个大家庭嘛。"

再有一次，盛田昭夫和太太良子到美国索尼分公司，参加成立25周年的庆祝活动，夫妇特意和全体员工一起用餐。然后，又到纽约，和当地的索尼员工欢快野餐。最后，又马不停蹄地赶到亚拉巴马州的杜森录音带厂，以及加州的圣地亚哥厂，和员工们一起进餐、跳舞，狂欢了半天。盛田昭夫感到很开心，很尽兴，员工们也为能和总裁夫妇共度庆祝日感到荣幸和自豪。

盛田昭夫说，他喜欢这些员工，就像喜欢自己家人一样。

依靠索尼高层管理者的这种亲和力，公司凝聚起一股强大的合作力量，并借着这么一支同心协力的队伍——他们潜心钻研、固守岗位、自觉负责、维护生产、不为金钱追求事业，勇于开拓他乡异国销售事业，先锋霸主索尼公司才能屡战屡胜，一步一个脚印，在高科技优新产品开发上，把对手一次又一次地甩在后面。

从这个故事中，我们看到了一个领导者平易近人的个人魅力，以及这种魅力给企业带来的凝聚力，和为企业发展带来的巨大的推动作用。对于领导来讲，平易近人实在是一种不可或缺的品格，它对提升个人魅力和凝聚团队，具有非常关键的影响。

平易近人，通俗地讲，就是没有架子，具有亲和力。作为一个管理者，不要经常板着一副威严的面孔，不要总是摆出一副领导的派头，这样只会让下属对你望而却步，产生隔阂，你就很难从下属那里听到真实和有价值的意见和建议。

CA公司创始人王嘉廉就是平易近人的领导榜样，他没有老板的架子，与员工在一起时常常不忘与对方幽默互动或自嘲一番，有时让员工笑得前仰后合。尤其在开会的时候，作为董事长的王嘉廉总是把气氛搞得热闹又欢乐，与会人员能在会上畅所欲言、各抒己见。王嘉廉本人也有许多幽默的小动作，比如他一会儿猛拍桌子叫好，一会儿唱歌，一会儿把卫生纸揉捏成团，像投篮球似的将纸团丢进纸篓中。他说："用这种轻松的方式来谈论生硬的主题，会刺激人的思维活力。"王嘉廉对下属很少用反面的评语，倒是正面评语很多，很简短、很风趣。比方说："你做对了，孩子！""这是个很棒的点子。""妙，太妙了！""你真聪明！""你怎么跟我想到一块儿了！"

王嘉廉的乐观开朗与他的幽默风趣相得益彰。1990年4月，CA第一次世界性销售人员大会在达拉斯举行，王嘉廉与罗斯（创业伙伴）坐在主桌上，大会奏着CA的主题曲，这是一个感人的场面。大会开幕之际，有人介绍王嘉廉，他站了起来，每个人也都跟着站起来，只见王嘉廉用双臂抱着罗斯说："嘿！小鬼，我们办到了！"在场的人目瞪口呆，想不到心目中的大老板原来是这般风趣和活跃。（摘自《中外企业家》）

平易近人，就应该跟下属和员工打成一片。这就要求管理者经常走出办公室，到基层去，到员工中去，嘘寒问暖，了解情况，而不是整天坐在办公室老板桌的后面，冲着下属指手画脚。平易近人地跟下属和员工相处，员工会跟管理者心连心，公司的凝聚力和战斗力也会随之大大增强。

6. 古德定律：沟通是一门艺术

要义：成功的沟通，靠的是准确地把握别人的观点。

提出者：美国心理学家P·F·古德

在企业管理活动中，沟通是一个不可或缺的内容。沟通的能力对企业管理者来说，是比技能更重要的能力，营造良好的人际关系，靠的就是有效的人际沟通。实践表明，许多优秀的管理者，同时也是沟通高手，一个成功的企业不能仅有外部沟通，由于生产力来自企业内部，所以企业内部沟通直接影响组织效率、生产进度、生产完成率和合格率。只有当企业和员工之间有了真正意义上的相互理解，并使双方利益具有最大限度上的一致，这个企业才能快速发展，并得到超高品质的产品和最大限度的利润。

美国达纳公司是一家生产诸如铜制螺旋桨叶片和齿轮箱等普通产

品的企业，其主要满足汽车和拖拉机行业普通二级市场的需要，拥有30亿美元资产。20世纪70年代初期，该公司的员工人均销售额与全行业平均数相等。到了70年代末，在并无大规模资本投入的情况下，它的员工人均销售额已猛增了3倍，一跃成为《幸福》杂志按投资总收益排行的500家公司中的第2位。这对于一个身处如此普通行业的企业来说，的确是一个非凡纪录。

1973年，麦斐逊接任公司总经理，他做的第一件事就是废除原来厚达57厘米的政策指南，取而代之的是只有一页篇幅的企业宗旨。其中有一条是：面对面的交流是联系员工、保持信任和激发热情的最有效的手段。关键是要让员工们知道并与之讨论企业的全部经营状况。

麦斐逊说："我的意思是放手让员工们去做。"他指出："任何一位做这项具体工作的专家就是干这项工作的人，如不相信这一点，我们就会一直压制这些人对企业做出贡献及其个人发展的潜力。可以设想，在一个制造部门，在方圆2.3平方米的天地里，还有谁能比机床工人、材料管理员和维修人员更懂得如何操作机床、如何使其产出最大化、如何改进质量、如何使原材料流量最优化并被有效使用呢？没有。"他又说："我们不把时间浪费在愚蠢的举动上。我们没有烦琐的手续，也没有大批的行政人员，我们根据每个人的需要、每个人的志愿和每个人的成绩，让每个人都有所作为，让每个人都有足够的时间去尽其所能……我们最好还是承认，在一个企业中，最重要的人就是那些提供服务、创造和增加产品价值的人，而不是那些管理这些活动的人……这就是说，当我处在员工的空间里时，我还是得听员工的！"

麦斐逊非常注意面对面的交流，强调同一切人讨论一切问题。他要求各部门的管理机构和本部门的所有成员之间每月举行一次面对面的会议，直接且具体地讨论公司每一项工作的细节情况。麦斐逊非常注重培训工作和员工不断地自我完善，仅达纳大学就有数千名员工在那里学习，他们的课程都是务实的，但同时也强调信念，许多课程都由老资格的公司副总经理讲授。

麦斐逊强调说："切忌高高在上、闭目塞听和不察下情，这是青春不老的秘方。"

协调沟通，从一定意义上讲，就是通过面对面的交谈和心灵沟通，最终达到说服、教育、引导和帮助人的目的。做好这项工作，不仅要领导有较高的政治理论素养，还需要掌握比较高超的人际沟通艺术，因此，领导与员工的沟通要把握好以下几个方面：

（1）平等待人

领导做下属员工的思想政治工作时，不论是一般的交流、谈心，还是了解有关情况，或有针对性地对之说服、教育、批评、帮助，自己首先要明白一点，即相互之间虽有职位高低、权力大小、角色主动与被动等差别，但在人格上是平等的。领导不能居高临下，要放下官架子，以平等的朋友、同志关系相待。若是动则以"这件事已经定了！""难道我错了？""不信咱走着瞧！""是你说了算还是我说了算？""你看着办吧！"等口气处理问题，员工势必会产生戒备或反感心理。

（2）真诚关心

每个人都渴望能引起别人的注意，得到同事特别是领导的关心、理解、同情和帮助。因此，作为领导，应注意经常观察每个下属的言行、举止、态度、情绪和工作方面的微小变化或波动，并分析产生这些情况的可能原因。在发现下属的某些表现反常后，只要我们能主动创造机会，让员工把自己的担心、忧虑和烦恼倾诉出来，问题就解决了一大半。再加上一些分析和引导，并设身处地为其出主意、想办法，就会使其感受到领导的关心和组织的温暖，放下思想包袱，消除困惑、疑虑，解除后顾之忧，积极投入工作。当然，表达对同志的关心，应当是真诚的、负责的，虚情假意不行，不负责任更是有害。

（3）肯定优点长处

肯定、赞扬和激励，是调动积极性的加油站。领导在日常工作中要经常发掘员工和部下的成绩和优点，哪怕是对平淡无奇的小事加以称赞，都能打动人，在表扬的激励下，人们会把事情做得更好。善于发现每个员工的"闪光点"，并及时在适当场合给予由衷的表扬和赞誉，是思想政治工作者应当很好掌握的，比批评积极而且更为有效的工作方法之一。

（4）设身处地

常言道，要想公道，打个颠倒。这就要求思想政治工作者要善于"换位思考"，学会设身处地站到对方的立场上考虑问题，甚至犯错误，往往也都是有自己"正当"的理由。善于换位思考，指出对方想法合乎情理的一面，表示理解，既体现出对他人观点的尊重，又可避免两种观点的正面冲突和尖锐对立。当然，设身处地和换位思考，并不等于迁就错误，而是为了体察事情的发生、发展，找准问题的原因和对方动机，以利于更有针对性地分析、引导，使对方较为容易地接受自己的观点。如果不试图理解对方，而是一开始就拿出一些大原则和大道理，直截了当地对号入座批评对方，便很难达到比较满意的效果。

（5）留有余地

人们大都很爱面子，有时尽管明知是自己错了，为了维护自己的面子和自尊心，往往也会强词夺理，甚至无理纠缠。遇到此情况，除了需要掌握恰当的方式方法外，还要注意留有余地，给人一个下台的阶梯，以保全对方的面子。因此，协调沟通，忌把话说满、说绝、说死，不讲任何情面，不留一点回旋余地。不然，不仅谈话会充满"火药味"，还会招致敌意，形成难以化解的思想隔阂。留有余地并不等于放弃原则和无条件退让。遇到一些重大的原则问题，当对方观点分歧较大，情绪都比较激动或僵持不下时，一句"要不等我再了解一下情况后再谈""请你回去再考虑一下，等有机会我们再谈"，不仅可以缓解紧张气氛，而且给自己留下更多的准备或研究余地。

进行相互间的沟通与交流，是一门比较复杂的艺术。准备情况、场合、时机、在场的其他人员及谈话的语气、气氛，双方的表情、情绪乃至眼神、手势等，都会对沟通效果产生较大的影响，只有在实践中不断探索、总结和积累，才能逐步提高。

7. 威尔德定理：听比说更重要

要义：有效的沟通始于倾听，人际沟通始于聆听，终于回答。

提出者：英国管理学家L·威尔德

有一次，在本田技术研究所内部，人们为汽车内燃机是采用"水冷"还是"气冷"的问题发生了激烈争论。本田是"气冷"的支持者，因为他是管理者，所以新开发出来的N360小轿车采用的都是"气冷"式内燃机。

争论的起因是由在法国举行的一级方程式冠军赛引发的。一名车手驾驶本田汽车公司的"气冷"式赛车参加比赛。在跑到第三圈时，由于速度过快导致赛车失去控制，赛车撞到围墙上。接着，油箱爆炸，车手被烧死在里面。此事引起巨大反响，也使得本田"气冷"式N360汽车的销量大减。因此，本田技术研究所的技术人员要求研究"水冷"内燃机，但仍被本田宗一郎拒绝。一气之下，几名主要的技术人员决定辞职，本田公司的副社长藤泽感受到了事情的严重性，就打电话给本田宗一郎："您觉得在公司是当社长重要，还是当一名技术人员重要呢？"

本田宗一郎在惊讶之余回答道："当然是当社长重要啦！"藤泽

毫不留情地说："那你就同意他们去搞水冷引擎研究吧！"

本田宗一郎这才省悟过来，毫不犹豫地说："好吧！"

于是，几个主要技术人员开始进行研究，不久便开发出了水冷引擎。

后来，本田公司步入了良性发展的轨道。有一天，公司的一名中层管理人员西田与本田宗一郎交谈时说："我认为我们公司内部的中层领导都已经成长起来了，您是否考虑一下该培养接班人了呢？"

西田的话很含蓄，但却表明了要本田宗一郎辞职的意愿。本田宗一郎一听，连连称是："您说得对，您要是不提醒我，我倒忘了，我确实是该退下来了，不如今天就辞职吧！"由于涉及移交手续方面的诸多问题，几个月后，本田宗一郎把董事长的位子让给了河岛喜好。

对于下属所提出的相反的意见，甚至让其辞职的建议，本田宗一郎都很爽快地接受了。这样一位虚心听取下属意见的领导人，怎么会不让下属们敬佩呢？所以，本田公司至今仍屹立不倒，而本田宗一郎在日本甚至整个世界的汽车制造业里，都享有如此高的声誉。

语言的含义并不在语言中，而是在说话者的心里。因此，有效倾听的意义，并不仅在于你是否在倾听对方要表达的内容，更重要的是它体现了你是否对表达者有着人格的尊重。

在员工说话的过程中，如果领导不能集中自己的注意力，真实地接收信息，主动地去理解对方，就会被员工理解为忽略、轻蔑、瞧不起、歧视、冷漠甚至残酷。

员工在说话或陈述意见时，希望领导能认真地倾听他们的讲话，希望能被领导所理解，希望他们的思想和见解得到尊重。因此，当员工陈述其观点时，作为领导切忌中途打断他们的话，避免使其产生防范心理。在倾听过程中，领导要及时给予反馈，因为没有信息反馈，员工就不知道自己的意见是否被理解，真实的信息反馈是形成上下级之间相互信任和互建信心的必要条件。

成功的领导，从来都会耐心地倾听来自下属的各方面的声音，并以此来与下属协调沟通，从而达到有效的管理。

要进行协调和沟通，第一步就是要获取信息。获取的信息越多，就会使协调沟通更加顺畅。然而，现实生活中的很多情况是，没等获取完信息，就开始做出回应，这样自然效率很低。关于如何获取信息，是非常有学问的，要讲究方法，总的来说，积极倾听是最为有效的方式。用管理者的话说，积极倾听就是为了获取资料、了解真相、得到回应，然后有针对地给予回应。

从某种意义上讲，积极倾听比说话要难做到得多，因为它要求倾听者脑力的投入，要求集中全部注意力。人们说话的速度是平均每分钟150个词汇，而倾听的能力则是每分钟可接受将近1000个词汇。两者之间的差值显然留给了大脑充足的时间，使其有机会神游四方。

有人对经理人的沟通情况做过分析，每天用于沟通的时间约占70%左右。即每天撰写占9%，阅读占16%，言谈占30%，倾听占45%。但许多经理人都不是一个好听众，效率只有2%，主要原因是缺乏诚意和倾听技巧，难以实现积极的倾听。

没有了仔细而有效的倾听，就会形成永远无法看到也无法突破的盲区，这时，固执就成为人性中的弱点。

一般说来，有效倾听有九大技巧。这九项技巧分别为"要喜欢倾听""懂得避开干扰""综合说话重点""必须控制情绪""不妄下定论""不打扰发言者""要有同理心""要有倾听的需求"以及"懂得综合结论"。

倾听始于注意。好的倾听者在谈话中能够更好地保持注意力。在交谈的过程中，不时地注视一下对方，对对方的谈话发出反馈信息，如"嗯""是的"，有时插入简短的评语等，都有助于保持注意力并让对方察觉自己在专注地倾听。

理解倾听到的内容是有效倾听的第二个环节。理解的内容包括事实性信息和情感信息。

有效倾听的第三个环节是记忆。倾听过程中的注意程度和信息加工程度对长时间记忆有影响。专注倾听和积极思考、质疑等都会增加大脑对信息加工的深度，自然有助于保持记忆。

掌握倾听的艺术并非很难，只要克服心中的障碍，从细节做起，肯定能够成功。

倾听是一种智慧，它超越我行我素、自以为是的封闭；倾听是一种境界，它造就涵容万象、兼收并蓄的人生气度；倾听是一种思想，它含射着沉思默想、贯通物我的明达——团队管理中真正的倾听，是一种心灵美好的相互期待与相互唤醒，倾听能听出重点，听出优点，听出弱点，听出漏洞。

倾听是一种境界，一种忘我的境界！耐心倾听，表达了你的尊重；认真倾听，感受你的认同；含笑倾听，赢得他人的信任；安静倾听，感受他人的喜悦。倾听，凝聚着善良，交织着关爱，传达着肯定和鼓励，而形成积淀的则是对他人的尊重和理解。

总之，只有积极倾听，才能获取更多的信息，使沟通更加顺畅。

8. 狄克逊定律：正视团队内的摩擦

要义：有摩擦才有进展。

提出者：美国迪卡尔财政公司前总经理狄克逊

摩擦和冲突在任何团队中都是不可避免的，团队中蕴含着异议及分歧，这是团队领导经常要面对的重要问题。在管理学中，冲突可以分为两种，即功能正常的冲突（简称良性冲突）和功能失调的冲突（简称恶性冲突）。区分的标志就是看其对团队的绩效是否有正面影响。如果能把团队内的良性冲突维持在一定水平，不仅不会破坏成员间的关系，还会促进彼此的沟通，从而提高决策质量，产生更多的创新方案，最终提高团队绩效。

1960年，京都制陶公司的工人还只是拿工资，他们与京陶十几个创业的干部不同，创业者在公司人人都有股份，而他们则是地地道道的打工仔。但是，在工作负荷上，公司创始人稻盛和夫按小兄弟的拼命精神来要求他们，总是让他们拼命工作到深夜，稍有迟滞或失败，稻盛和夫就毫不留情地责骂他们。久而久之，工人们怨声载道，日积月累的不满情绪终于发展成抗争，11名员工突然向稻盛和夫递交了抗议书，他们集体在抗议书上按下血手印，并提出减时、加薪、增发奖金等要求，否则将集体辞职。

这时，稻盛和夫可以采取两种做法：一是先答应加薪要求，留下骨干，再各个击破；另一个是让他们集体走人，但公司要受到极大的伤害。但是在这种情况下，稻盛和夫没有乱方寸，他对大家说："要公司保证你们将来的薪水，我不能打包票。在录用你们时，我曾经说过，公司刚刚成立，让我们共同努力。今后公司的前景如何我也没有把握，拿不明确的东西向你们保证，那是骗人的。但是，虽然不能保证，但我一定会为大家的利益尽力而为。"

稻盛和夫的说服工作一直进行了三天三夜。他没有向人们空许愿，而是讲道理。终于大多数员工回心转意了，但还有一个人坚持，他说："大丈夫一言既出，驷马难追，说过辞职就不能反悔。"稻盛和夫说："我要是骗你的话你拿匕首来刺我好了，我已经做好了剖腹的准备，想要和我决斗也可以。"老板的话落地有声，感动了全体员工，他们收回了自己的辞呈。就这样，稻盛和夫以自己的真诚和对员工的尊重有效消除了与员工的冲突。

目前，大多数团队领导已经意识到，团队中的冲突是不可避免的，不能指望成员一直相安无事。虽然认为冲突不可避免，但很多领导对冲突的看法仍有一些误区：

（1）冲突会破坏人际和谐

受中国传统文化的影响，我们往往过于强调团队的和谐，如人们常说的"退一步海阔天空""家和万事兴""以和为贵"等，都是中国人竭力维持和谐的表现。

一般来说，恶性冲突确实会严重破坏人际关系的和谐，当事人往往对彼此抱有负面看法，易对对方的行为进行错误的归因。一方不得已的行为，或者偶然的疏忽，却被对方认定是故意挑衅，冲突自然不可避免，并伤及彼此的关系。恶性冲突常常过于激烈，当事人带着较强的个人情感，恶言相向、人身攻击。

与恶性冲突不同，良性冲突的特点是针对工作本身，冲突双方就工作如何开展、决策如何制定等方面持有不同的观点；并且，良性冲突的强度较小或者适中，对当事人不仅不是折磨，反而有助于其开阔思维提高工作绩效。团队内部的冲突，可能是因"事"而引起的，比如因组织结构设计不合理、制度不明确、资源短缺、工作特点差异、内部工作竞争、奖惩不当、信息不对称等而引起的；也可能是因"人"而引起的，比如因个人的价值观不同、行事风格不同、素质不同、领导方式不同等问题引起的冲突。

因此，并非所有冲突都会破坏人际和谐，应对良性冲突和恶性冲突区别对待。

（2）冲突会损害绩效

团队领导对于冲突的担忧太多，主要表现在以下三个方面：一是认为激烈的冲突可能会引发团队内部的分裂，团队工作无法顺利开展；二是认为在冲突中受打击的一方不仅伤及自尊，同时自信心也会受到打击，降低团队整体的工作效率；三是有一些领导将冲突视为对领导者权威的挑战。

管理学家认为，良性冲突能够提高团队绩效。当冲突被激发后，持不同观点的各方需要深入思考自己的方案，并收集更多的证据来说服对方。因此，良性冲突可以说是创造力的源泉，让团队勤于自省，保持应有的活力，避免出现"万马齐喑"的状态。

（3）冲突管理的目的是将冲突消灭于无形

随着管理的细化，许多团队把冲突管理的职能也列为团队领导的重要任务之一。但冲突管理常常走向极端，不只是协助解决冲突，而且还更进一步去消灭冲突，试图制造天下太平的局面。结果，有价值的异议就被压制下去了。

在《三国演义》中，曹操与周瑜交战时，听信了庞统的连环计，以铁索连舟，众将随声附和。当时，只有程昱竭力反对，指出如果周瑜用火攻，曹军就会难以逃避。但程昱的异议却遭到了众人的耻笑，他只好默默退下。最后证明程昱是明智的。

因此，冲突管理的出发点应是促进良性冲突，解决恶性冲突，而不是"大事化小，小事化了"，盲目压制所有冲突。一味地回避冲突，无原则地保证团队内部的"和谐"，可能会将需要解决的重要问题掩盖起来。久而久之，这些未解决的问题会变得更加棘手，在不得不解决的时候，已经给团队带来极大的冲击甚至是危机。典型的例子是团队成员对薪酬制度的不满所引起的冲突，团队领导为了求得团队的"团结和谐"，可能会强硬地将这类意见压制，而团队成员在长期感觉遭受不公正待遇的心态下，会出现个人离职甚至集体离职的情况，结果给团队带来了严重的冲击。

所以，团队领导应该正确地理解冲突，善于利用冲突，激发良性冲突，并且尽量避免恶性冲突。只有这样，才有助于激活团队的创新能力。

9. 木桶定律：注重团队中的薄弱环节

要义：构成组织的各个部分往往是优劣不齐的，而劣势部分往往决定整个组织的水平。

提出者：美国管理学家彼得

在一个团队里，决定整个团队战斗力强弱的不是那个能力最强、表现最好的人，而恰恰是那个能力最弱、表现最差的落后者。只有让所有的员工能力均衡，才能充分发挥团队的作用。

一个企业要想成为一个结实耐用的"水桶"，首先要想方设法提高所有木板的长度，只有这样，才能充分体现团队精神，完全发挥团队作用。在这个充满竞争的时代，越来越多的管理者意识到，只要组织里有一个员工的能力很弱，就足以影响整个组织达成预期目标的可能性。而要想提高每一个员工的竞争力，并将他们的力量有效地凝聚起来，最好的办法就是对员工进行教育和培训。企业培训是一项有意义而又实实在在的工作，许多著名企业都很重视对员工的培训。

惠普公司内部有一项关于管理规范的教育项目，仅仅是这一个培训项目，研究经费每年就高达数百万美元，他们不仅研究教育内容，而且还研究哪一种教育方式更易于被人们所接受。员工进入惠普，一般要经历四个自我成长阶段：一是自我约束阶段，即不做不该做的事，强化职业道德；二是进入自我管理阶段，做好应该做的事，加强专业技能；三是自我激励阶段，不仅要做好自己的本职工作，还要思考如何为团队做出更大贡献，思考的立足点需要从自己转移到整个团队；四是自我学习阶段，随时随地都要找到学习的机会。

员工培训实质上就是通过培训来增大这一个个"木桶"的容量，增强企业的总体实力。而要想提升企业的整体绩效，除了对所有员工进行培训外，更要注重对"短木板"——非明星员工的开发。

在实际工作中，管理者往往更注重对"明星员工"的利用，而忽视对一般员工的利用和开发。如果企业将过多的精力关注于"明星员工"，而忽略了占公司多数的一般员工，会打击团队士气，从而使"明星员工"的才能与团队合作两者间失去平衡。而且实践证明，超级明星很难服从团队的决定。明星之所以是明星，是因为他们觉得自己和其他人的起点不同，他们需要的是不断提高标准，挑战自己。所以，虽然"明星员工"的光芒很容易被看见，但占公司绝大多数人数的非明星员工也需要被鼓励，对"非明星员工"激励得好，效果可以大大胜过对"明星员工"的激励。

　　有一个华讯员工，由于与主管的关系不太好，工作时的一些想法不能被肯定，从而忧心忡忡、兴致不高。刚巧，摩托罗拉公司需要从华讯借调一名技术人员去协助他们搞市场服务。于是，华讯的总经理在经过深思熟虑后，决定派这位员工去。这位员工很高兴，觉得有了一个施展自己拳脚的机会。去之前，总经理只对那位员工简单交待了几句："出去工作，既代表个人，也代表我们公司。怎样做，不用我教。如果觉得顶不住了，就打个电话回来。"

　　一个月后，摩托罗拉公司打来电话："你派出的兵还真棒！""我还有更好的呢！"华讯的总经理在不忘推销公司的同时，着实松了一口气。这位员工回来后，部门主管也对他另眼相看，他自己也增强了自信。后来，这位员工对华讯的发展做出了不小的贡献。

　　华讯的例子表明，注意对"短木板"的激励，可以使"短木板"慢慢变长，从而提高企业的总体实力。人力资源管理不能局限于个体的能力和水平，更应把所有的人融合在团队里，科学配置，好钢才能够用在刀刃上。"木板的长短"有时候不是个人问题，而是组织的问题。

在家电的舞台上，百家争雄，然而海尔却一步一个脚印地跑在最前列。为什么？不是海尔的资本比别人雄厚，不是引进的国际人才比别人多，也不是人才素质比别人高……一句话，海尔的"长木板"并不多，但海尔有一个好的团队，其整体绩效不比任何"长木板"差。

所以，在加强水桶盛水能力的过程中，不能把"长木板"和"短木板"简单地对立起来。每一个人都有自己的优势，与其不分青红皂白地赶"短木板"出局，不如发挥其长处，把其放在适合的位置上。